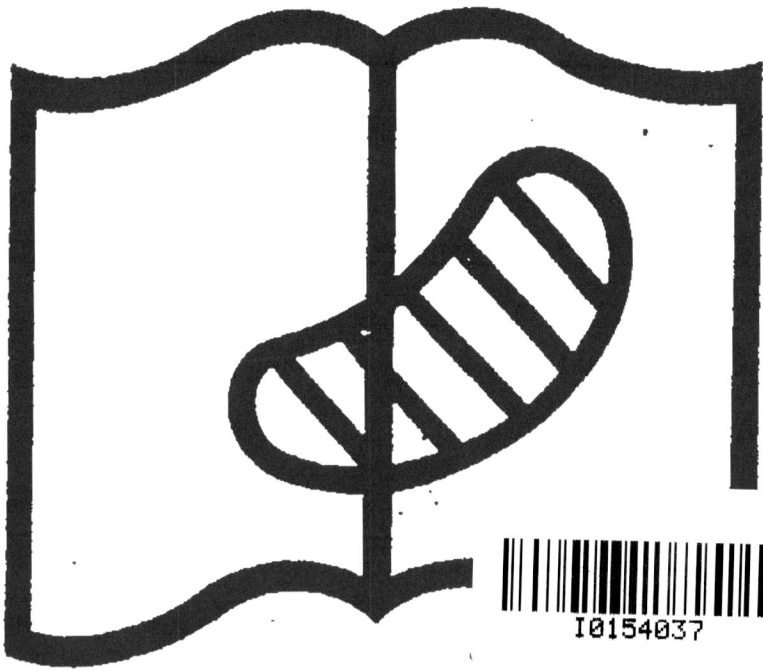

I0154037

Original illisible

NF Z 43-120-10

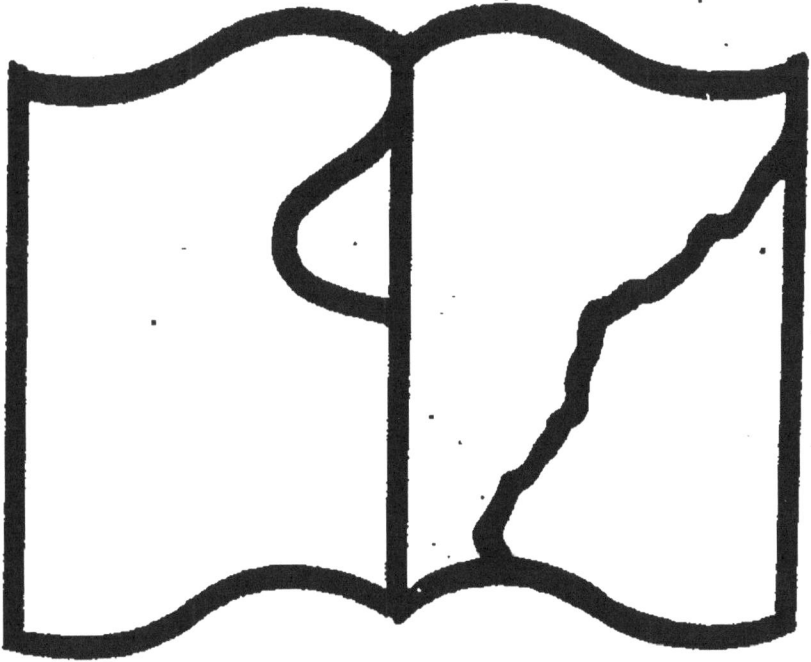

IMPRESSIONS

D'UN

JAPONAIS

EN FRANCE

SUIVIES DES IMPRESSIONS DES ANNAMITES EN EUROPE

RECUEILLIES PAR

RICHARD CORTAMBERT

PARIS

ACHILLE FAURE, LIBRAIRE-ÉDITEUR

23, BOULEVARD SAINT-MARTIN, 23

1864

Tous droits réservés

IMPRESSIONS D'UN JAPONAIS

EN FRANCE

IMPRESSIONS

D'UN

JAPONAIS

EN FRANCE

SUIVIES DES IMPRESSIONS DES ANNAMITES EN EUROPE

RECUEILLIES PAR

RICHARD CORTAMBERT

PARIS

ACHILLE FAURE, LIBRAIRE-ÉDITEUR

28, BOULEVARD SAINT-MARTIN, 28

—

1864

Tous droits réservés

AUTRES OUVRAGES

DU MÊME AUTEUR

—

Essai sur la chevelure chez les différents peuples (étude ethnographique). 1 vol. in-8°.

Notice sur la vie et les œuvres de M. Jomard, de l'Institut. 1 broch. in-8°.

Aventures d'un artiste dans le Liban. 1 vol. in-18 jésus.

Peuples et voyageurs contemporains. 1 vol. in-12.

Paris. — Imprimerie de Poupart-Davyl et Cie, rue du Bac, 30.

IMPRESSIONS D'UN JAPONAIS

EN FRANCE

Les Japonais en France! L'Orient visitant l'Occident;
— la civilisation de l'extrême Asie rendant hommage à
la civilisation de l'extrême Europe; — Myako saluant
Paris; — deux mondes se donnant la main; — la race
mongolique offrant l'accolade à la race blanche; — le
progrès universel commençant par la fraternité, par la
grande fusion des idées; — les frontières s'aplanis-
sant; — le globe devenant la patrie de tous les hommes : voilà les pensées que j'agitais l'autre jour pendant que l'ambassade japonaise s'installait à Paris.

Je me promettais de passer quelques bonnes heures
avec les délégués de l'empire du Soleil Levant, comme
je l'avais fait, il y a peu de mois, avec les ambassa-

1

deurs de l'Annam, lorsqu'une lettre sembla prévenir mon désir. La voici :

« Très-cher collègue,

« Vous êtes l'ami et le défenseur du peuple de Nippon ; — eh bien ! j'ai la bonne fortune d'avoir ce soir même chez moi un Japonais ! un docteur, un kami ! Mon domestique prépare en son honneur un monstrueux plat de riz ; je vous propose de partager le Japonais et le riz.

« Je vous attends. Tout à vous,

« MARTIAL COMBES. »

Une heure après, je pénétrais dans la demeure de Martial ; tout était préparé pour recevoir dignement l'étranger. Des coussins de soie brodés d'or étaient disposés çà et là avec une élégante symétrie et prenaient la place des chaises ; sur les étagères et les meubles en laque s'étalaient, dans tout leur luxe, des éventails, des potiches, des coupes en porcelaine, payés au poids de l'or ; plusieurs lanternes multicolores appendues au plafond menaçaient maladroitement les têtes un peu élevées, et pour que l'illusion de l'Orient parût encore plus complète, des parfums dont l'odeur prenait à la gorge brûlaient dans une sorte de cassolette. A la douce moquette qui couvrait d'ordinaire le parquet avait succédé un tapis en paille de riz grossier, mais exotique ; sur la table principale se déroulaient plusieurs cartes du Céleste-Empire et de l'empire du Soleil Levant, tout fraîchement apportées de Canton et de Nagasaki.

Mon ami me fit procéder au minutieux inventaire de ses richesses orientales.

— Et vous n'êtes pas au quart de vos surprises, me dit Martial avec une ineffable satisfaction, attendez la fin ! J'ai dévalisé les marchands de curiosités et ceux de *comestibles ;* — je suis ravi de mes trouvailles, mais j'ai la tête en feu, et mes jambes demandent grâce !

A peine commencions-nous à deviser que le domestique se précipita dans la chambre et nous annonça que le Japonais était au bas de l'escalier. — Grande rumeur. — Mon ami qui, dans son extrême fatigue, s'était laissé tomber sur un des coussins, se leva sans trop savoir où il allait, et se disposait à descendre pour accueillir son hôte, lorsqu'il songea qu'il compromettrait peut-être les lois de l'étiquette ; il revint donc gravement sur ses pas et attendit de pied ferme l'étranger.

Tout à coup la porte s'ouvrit : le kami, suivi d'un grand homme sec, entra gracieusement et nous salua sans affectation ; mon ami, qui s'attendait aux trois révérences japonaises dont les ouvrages ont tous parlé, avait commencé par se courber sur lui-même comme un arc prêt à se rompre ; avant qu'il eût le temps de reprendre sa position normale, le mandarin était à côté de lui et lui offrait amicalement la main ; Martial était loin d'avoir dressé ses plans dans la prévision d'une entrée presque américaine, et, toujours sous l'impression de la leçon qu'il avait apprise, il aventura une phrase de réception en usage au Japon.

A ce souvenir de sa patrie, le kami sourit et répliqua par une période à laquelle Martial ne comprit pas un seul mot. Mon ami était dans le plus cruel embarras ; — par bonheur, l'homme sec, qui n'était autre qu'un interprète, lui vint en aide et lui dit avec un sérieux imperturbable que l'illustre docteur Kouen-fou se félicitait de passer une soirée avec une personne qui savait parler le japonais et qui connaissait jusqu'aux locutions du pays. — L'embarras était devenu confusion. — Inutile d'ajouter que la lumière se fit et que mon ami ne tarda pas à penser qu'il aurait mieux fait de garder prudemment pour les Français sa formule de salutation japonaise.

Les coussins invitaient à s'asseoir ; le kami et son compagnon s'y installèrent avec aisance, tandis que Martial et moi nous agissions avec des précautions infinies.

Pendant que mon ami, par l'intermédiaire du drogman, posait à Kouen-fou des questions sur l'extrême Orient, je me mis à étudier la physionomie des deux visiteurs.

Je commençai naturellement par le docteur japonais.

C'était un homme d'environ cinquante ans, d'une taille moyenne et d'un embonpoint raisonnable; il clignotait de petits yeux noirs d'une très-grande finesse et plissait une lèvre qui ne manquait pas d'une certaine ironie; son teint était d'un jaune pâle, son nez largement épaté; son front, fortement sculpté, avait quelque chose de grave qui révélait immédiatement l'intelligence. Son crâne à moitié rasé s'harmonisait singulièrement avec le reste de ses traits. Cet homme aurait perdu une grande partie du caractère vraiment remarquable de sa physionomie, si ses tempes avaient été ombragées par une forêt de cheveux. — La pensée dévore, dit-on, la chevelure. C'est peut-être pour avoir l'air de beaucoup réfléchir qu'on se fait raser au Japon.

Quant au drogman, — Hollandais d'origine, — c'était un long corps surmonté d'une tête maigre, osseuse, hardiment taillée; au-dessous d'un nez mince et de dimensions peu ordinaires divergeaient deux moustaches roides, droites, peintes et passées à la gomme, qui venaient s'arrêter en pointe de crayon à peu de distance de deux grands yeux noirs, sévères, roulant dans un fond jaune et entre deux paupières de couleur bistre. Le domestique ayant solennellement annoncé que la table n'attendait que les convives, Martial dit au mandarin, avec une périphrase élégante, que le riz et le thé allaient, sans doute, être bien confus devant un hôte aussi distingué.

Kouen-fou s'inclina profondément et répondit que les Français n'étaient jamais en défaut.

La salle à manger avait été transformée ; — pas de table ; — une natte en paille de forme circulaire s'étendait sur le plancher et se voyait flanquée de quatre magnifiques coussins de soie jaune ; au centre, dans un vase japonais, des camélias et des hortensias épanouissaient leurs corolles délicates et leurs globes roses : à côté de petits plats en porcelaine, rangés avec ordre, s'alignaient en guise de fourchettes une paire de bâtonnets, tournés sans doute dans le meilleur atelier de la capitale de l'empire du Milieu ; des tasses, où étaient incrustées les scènes chinoises du plus délicieux effet, figuraient à peu de distance, et, comme complément de service, se dressaient six pyramides de gâteaux glacés, de fruits et de légumes, la plupart préparés au vinaigre ou au sucre.

Martial avait feuilleté plus d'un ouvrage avant d'atteindre à ce haut goût japonais.

Le repas fut somptueux : nous mangeâmes du rat parfumé à l'huile de ricin, du poisson cru et des ailerons de requin au gingembre ; le riz apparut sous plusieurs formes, tantôt édulcoré, tantôt salé. Enfin le thé traditionnel, sans lait, sans sucre, sans sel, couronna le festin.

Jusqu'alors la conversation s'était promenée à travers le monde sans nous arrêter nulle part. La physionomie d'un homme, quelque singulière qu'elle soit, peut bien captiver les regards pendant un quart d'heure, mais il vient un moment où l'esprit réclame quelque chose de plus. Kouen-fou m'était connu au physique, je voulais l'apprécier au moral; une intelligence telle que la sienne exigeait une analyse approfondie : ses reparties vives, mais brèves, indiquaient un esprit clair, sensé, lucide et légèrement satirique; à coup sûr, ce n'était pas un homme ordinaire : il savait beaucoup et avouait qu'il savait peu.

Comment jugeait-il la France? Que pensait-il de ce peuple artistique et littéraire qui se métamorphose et devient manufacturier, négociant, banquier, agent d'affaires, par l'impérieuse nécessité du lucre? — Que pensait-il de cette nation d'abord généreuse qui s'applique à se couvrir du manteau de l'égoïsme, et qui glorifie les égoïstes? — Que pensait-il de cette misère en robe de soie, de cette fourberie en habit noir, de tant d'audacieuses infamies en chars de triomphe? Que pensait-il de ces puissants États européens qui se vouent une amitié indissoluble et se déchirent deux jours après?

Les questions de tout genre se pressaient sur mes lèvres; malgré mes désirs, par une réserve que l'on comprendra, je n'osais sonder l'âme de ce mandarin à l'œil si pénétrant, au sourire si fortement empreint de malice, à la parole si aisément sarcastique.

Je résolus d'entrer dans son âme par l'intermédiaire du drogman.

Ce grand homme froid avait, jusqu'à la fin du repas, occupé une place secondaire parmi nous. Son cerveau nous semblait fait pour convertir le japonais en français et réciproquement. Quant à son esprit, à tort ou à raison, nous le jugions d'une parfaite nullité.—Les malheureux interprètes sont partout considérés comme des instruments qui doivent rester muets lorsqu'on ne veut pas en faire vibrer les notes.

Naturellement toute notre attention s'était concentrée sur Kouen-fou, et le drogman eût fort risqué de demeurer jusqu'à la fin dans l'ombre, si l'idée ne m'était pas subitement venue de le faire servir à mes projets.

« Ce personnage, pensais-je, doit avoir une dose quelconque de vanité. Il faut appuyer sur cette corde sensible ; sa longue intimité avec Kouen-fou lui a probablement fait pénétrer plus d'un secret qui ne nous serait jamais directement dévoilé ; — la société l'invite sans doute rarement à la conversation. Ma démarche officieuse l'éblouira et le jettera tête baissée dans le piége. »

Après ces réflexions, je me tournai vers l'interprète, l'entraînai à l'écart et lui fis cette ouverture :

— En vérité, monsieur, vous nous rendez jaloux !
Votre connnaissance parfaite de deux langues si diamétralement opposées nous fait rougir de notre ignorance! Charles Quint l'a dit : On est autant de fois
homme que l'on sait de langues différentes. Je salue en
vous, monsieur, le citoyen du monde entier. Combien
vous nous surpassez !

A cet exorde, l'interprète répliqua par une phrase
banale de modeste remerciement pour la bonne opinion
que j'avais de lui et par un sourire que j'accueillis
comme d'excellent augure.

Les esprits supérieurs se défient des louanges.

Mon homme, au contraire, charmé de mes éloges,
devint moins avare de paroles, je l'attirai sur le terrain de la Chine et du Japon, et l'interrogeai sur ses
premières relations avec Kouen-fou.

Je tins alors à piquer son amour-propre; je le pris
comme juge, et lui demandai quel était, à son avis, la
valeur réelle du kami.

— Kouen-fou, me répondit-il, est un lettré fort distingué : il voyage en Europe pour étudier les mœurs;
il dresse un journal exact et circonstancié de ses
impressions, et son mémoire aura, sans doute,
l'insigne honneur d'être publié dans la gazette de
Myako.

—Et vous avez probablement lu, repartis-je, ce
précieux manuscrit?

1.

— Nullement, Kouen-fou le surveille de près, et le tient prudemment éloigné de tous les regards.

— Ah! lui dis-je, je vous crois trop dans l'intimité de Kouen-fou pour supposer qu'il vous refuserait de vous le communiquer si vous en manifestiez le moindre désir.

— Je l'ignore, balbutia le drogman, qui, d'une part, ne voulut pas trop s'avancer, et, de l'autre, craignait de se déprécier à mes yeux.

— Allons, repris-je avec assurance, pour l'honneur de l'Europe dont vous êtes un des plus dignes représentants, je ne doute pas que votre habileté ne puisse triompher des scrupules d'un Japonais. Quoi! un manuscrit où nos compatriotes sont mis en scène serait écrit chez nous et franchirait la frontière clandestinement sans nous dire ce qu'il contient à notre adresse! Non pas. Les choses ne se passent plus ainsi. Vous voudrez savoir, monsieur, si notre affectueuse hospitalité est payée de reconnaissance ou d'ingratitude, si ce philosophe au sourire narquois n'est pas un de ces dédaigneux retardataires qui proclament démence notre belle civilisation, et qui raillent ce qu'ils sont incapables d'apprécier; vous voudrez enfin juger avec votre esprit éclairé le talent littéraire de Kouen-fou et sa profondeur philosophique.

— Je vous promets, monsieur, répliqua l'interprète, que si l'occasion favorable se présente...

— Les occasions, monsieur, on les crée ; un homme
tel que vous les fait naître à volonté ; avant peu, vous
nous montrerez le manuscrit dont vous voudrez bien,
à titre d'ami, nous faire une lecture en petit comité ;
— l'ouvrage lu, tout rentrera dans l'ordre, et Kouen-
fou ne soupçonnera en rien notre innocent larcin.
Souvenez-vous de cette vérité que Shakespeare attri-
buait méchamment aux maris : Celui à qui l'on prend
un objet dont il n'a pas besoin, tant qu'il l'ignore n'a
rien perdu.

— Je vous jure, me dit gravement l'interprète en me
serrant la main, que je ferai tous mes efforts...

— Votre parole équivaut à la réalisation de mes sou-
haits, répliquai-je. Maintenant je ne forme plus qu'un
vœu. Puis-je, dans trois jours, compter sur votre présence à un raout intime que je me propose d'offrir aux
convives de mon ami Martial ? Nous nous vengerons de
l'absence probable du requin au gingembre, sur le
champagne et le johannisberg ! Aimez-vous le champagne ?

—Sans nul doute, répondit l'interprète, c'est le seul
vin qui rappelle à l'étranger la gaieté pétillante des
Français. Le champagne, c'est un peu le symbole du
caractère de vos compatriotes.

Mon invitation fut acceptée. Le lendemain, je courus
chez un négociant d'Aï, et fis expédier chez l'interprète
trois paniers de champagne du meilleur cru. Pour voiler

mon empressement, qui avait le droit de paraître sus-
pect, j'alléguai un motif absurde qui trouva fort heureusement crédit. Tant il est vrai qu'il n'y a pas de
place imprenable lorsqu'on sait y jeter des pièces
d'or !

Trois jours après, je fis à mon tour des préparatifs
de réception. — Je plaçai dans un coin de mon salon
un paravent élevé qui se mariait si naturellement au
plafond. et aux murailles qu'on eût dit une véritable
cloison. Du papier et de l'encre furent disposés sur une
table, à l'abri derrière le mur improvisé, et un sténographe dont je connaissais l'habileté se mit en mesure
de s'y installer.

A l'heure indiquée, Kouen-fou et l'interprète en-
trèrent chez moi. Ma tactique diplomatique avait réussi
pleinement. Le manuscrit du Japonais était enfoui dans
la poche du fidèle drogman; il ne s'agissait plus que
d'éloigner le kami, de le séparer de celui qu'il appelait
sa *bouche française*. D'un côté, je ne voulais pas
m'exposer à le laisser retourner seul chez lui, où la
fantaisie aurait pu lui venir d'inscrire sur son journal
les impressions de la journée. De l'autre, nous recu-
lions devant l'acte quasi dramatique de troubler l'intelligence de l'excellent mandarin en le forçant à des
libations inaccoutumées.

Tout à coup un jet de lumière vint à la pensée de
Martial, il fut décidé que Kouen-fou serait entraîné par

l'un de nous dans un concert, tandis que l'autre entendrait la lecture.

L'affaire ainsi réglée, le hasard voulut que mon ami fût le compagnon du Japonais ; le drogman allégua un mal de tête qui réclamait impérieusement le repos. J'invoquai un motif non moins vraisemblable, et tout se plia à nos désirs.

Dès que la voiture qui emportait nos amis nous eut lancé le bruit de son dernier roulement, je priai le drogman de sortir son manuscrit, ce qu'il fit sans hésiter. Il commença la lecture d'une voix grave et basse. Je prêtai alors une oreille attentive, et je saisis dans l'air un léger frôlement de papier, et, de temps à autre, le faible murmure d'un grincement de plume. —Bien, pensai-je, mon homme est à l'œuvre. J'ai, dis-je alors en m'adressant à l'interprète, l'infirmité de n'entendre que les paroles prononcées assez haut. Pourriez-vous élever votre voix d'un demi-ton ?

L'interprète souscrivit à ma prière. Le sténographe ne perdit pas un seul mot, et, le lendemain, j'avais entre les mains l'ouvrage suivant, auquel j'ai malheureusement fait subir en plus d'un endroit des mutilations. Il le fallait, Kouen-fou est un philosophe très-hardi !

I

SOUVENIR DE JEUNESSE

Si la patrie est, comme on le prétend, l'endroit où l'homme naît, — je suis Chinois, car ma mère me mit au monde dans un bateau amarré à la rive de Chang-haï; mais si la patrie est bien plutôt le pays où l'on a pour la première fois aimé, — je suis Japonais.

En deux mots, voici l'histoire de ma jeunesse. Je naquis légèrement contrefait, — mes jambes menaçaient de se croiser à la hauteur des genoux, et mon père, en bon patriote, résolut de se débarrasser de moi.

— Nous avons déjà, dit-il à ma mère en me portant au-dessus des flots, cinq enfants dont nous ne savons que faire; je prends Dieu à témoin que je n'ai pas demandé celui-ci; au reste, n'en parlons plus... Il m'allait lâcher, lorsque ma mère m'arracha de ses mains, s'enfuit et parvint à me tenir caché à tous les regards dans un petit bateau du voisinage, qui fut le théâtre de mes premières années.

Grâce à des bandelettes fortement serrées, mes membres se redressèrent, et, en dépit de mon affreuse situation, la nature le voulant, je grandis et ne demandai qu'à vivre.

Tout ceci me fut conté par une vieille femme, lorsque j'avais cinq à six années.

Je fus élevé à fond de cale jusqu'à l'âge de trois ans, considérant comme un frère un grand singe qui fut ma première joie et ma première douleur. Mon compagnon vendu, je perdis la gaieté et la réflexion me vint. Dans ma faible intelligence, je compris que, puisqu'on m'avait ravi mon meilleur ami, le monde ne se bornait pas à une maison de bois flottante, et je commençai à être dévoré du désir de connaître.

Profitant de l'absence de ma mère, j'eus l'audace de faire une sorte d'échafaudage de paniers et de barils qui me permit de gagner le pont du bateau. Ce jour fut pour moi celui de la découverte du monde. Les nombreux navires, les maisons se dressant du milieu des bouquets d'arbres, les campagnes déroulant leurs espaces infinis, qui se présentèrent alors à ma vue, me firent une impression profonde. Le ciel, dont j'entrevoyais pour la première fois la voûte immense, me ravit par sa sublime splendeur, et la révélation soudaine d'un être souverain pénétra mon âme. J'ai souvent pensé depuis, par comparaison, que les prisons, ou, ce qui revient à peu près au même, les arrière-boutiques et les carrefours menaient, fatalement à l'athéisme, tandis que la vue des champs inspirait la religion. Deux années de misère s'écoulèrent ensuite, sans que je puisse me rappeler les événements qui signalèrent ma vie. — Un jour, à la place de ma mère, je vis apparaître une femme âgée dont j'eus peur : — Sois sage, me dit-elle en s'efforçant de me calmer, ta mère te voit sans cesse du haut du ciel. — Bien ! répondis-je dans l'ignorance où j'étais de toutes choses, je vais la regarder aussi !

Quoique à peine âgé de huit années, je pris une courageuse résolution et formai le projet de m'évader. Je n'avais pas à craindre la surveillance de la vieille femme, qui ne m'apportait ma nourriture qu'à de rares intervalles. Mais ce qui m'effrayait, c'était la pensée de me trouver face à face avec les hommes, que je me suis de bonne heure habitué à considérer comme les êtres les plus sérieusement redoutables de la création.

Prenant modèle sur les matelots qui faisaient mouvoir leur canot avec des pagaies, je lançai à la rivière un tonneau vide à moitié défoncé, je m'y laissai tomber, et, agitant une perche à la surface de l'eau, je vis bientôt ma barque improvisée partir à la dérive. Mon premier mouvement fut de me réjouir de ma belle manière d'avancer, mais le péril auquel j'étais exposé me frappa bientôt, et j'en eus apparemment si bien la conscience, que je me blottis au fond du tonneau et fermai les yeux.

Tout à coup, un craquement épouvantable se fit autour de moi, — l'eau envahit de toutes parts ma chaloupe et m'emporta violemment. Lorsque je sortis de l'engourdissement dans lequel m'avait plongé ma subite immersion, j'étais entouré d'un groupe d'hommes aux visages pâles qui reçurent mon premier regard par des cris de joie dont le bruit me causa une horrible frayeur. On m'apaisa et je fus bientôt sur pied. Je me trouvais dans un navire déployant de larges voiles au vent et voguant sur une masse d'eau qui ressemblait étonnemment au ciel bleu; — je sus plus tard que j'avais été recueilli par un bâtiment hollandais qui cinglait vers le Japon, et qu'après Dieu, je devais la vie aux matelots européens.

Mes nouveaux compagnons me traitèrent d'abord avec compassion; pourtant, comme il est admis que tous les services se payent, ils m'obligèrent à des travaux fort pénibles, et, après m'avoir sauvé, ils m'auraient volontiers fait mourir sous leurs coups, si le bonheur n'avait pas voulu que notre vaisseau jetât l'ancre dans la baie de Nagasaki, à côté de Désima.

Comme chacun sait, Nagasaki est une grande ville japonaise qui ouvre depuis longtemps son port aux Chinois et aux Hollandais. Les Chinois y sont méprisés, mais à peu près libres; les Hollandais y sont plus ho-

norés, mais gardés à vue. On commerce avec eux,
parce que, d'une part, les usages le commandent; de
l'autre, les traités. Les Japonais n'en agissent pas moins
avec une extrême réserve à l'égard des étrangers, et
leur prudence ressemble assez à celle de l'honnête
homme qui se voit dans la nécessité de commercer avec
des gens d'une probité suspecte. Aujourd'hui, notre
empire est à la veille d'une inévitable dissolution;
— son isolement faisait sa force, et si les Européens
mettent une fois leur pied gangrené sur son sol vierge,
la pauvre contrée se corrompra comme le reste des
mondes civilisés. — Si j'étais souverain d'un peuple
honorable, je me garderais bien de livrer mes sujets
au contact empesté d'hommes qui se font du vice et du
parjure un marche-pied.

Désima, où sont parqués les Hollandais, n'est qu'une
prison travestie, dont les habitants ont au moins la
consolation d'entasser des millions, tandis que moi,
pauvre enfant, au service d'une trentaine de mauvais
drôles, je ne faisais qu'avancer plus avant dans l'in-
fortune. — Grâce à mes yeux obliques et à mon teint
jaunâtre, je trompai la vigilance des gardes japonais et
me perdis au milieu de la foule dans les rues de Nagasaki.

Mon éducation allait commencer : un marchand de
laque me reçut dans sa boutique et m'y employa.

J'appris chez mon premier patron, qui était pourtant fort honnête, que le commerçant doit plus compter

pour s'enrichir sur la crédulité des acheteurs que sur la supériorité des produits.

De l'échoppe du marchand de laque je passai au service d'un ottona, sorte d'officier de police, chez lequel je ne tardai pas à savoir que les maîtres de la justice se permettent à eux-mêmes certains petits larcins qu'ils répriment hautement chez les autres.

Enfin je compris plus tard, en étant secrétaire d'un prêtre de Bouddha, que les autels sont pour les bonzes une scène où ils se garderaient bien de jouer leur rôle s'ils n'y trouvaient pas le moyen d'y exploiter la crédulité du public.

Bref, après avoir été serviteur, commis et secrétaire de pontife, j'entrai, en qualité d'aide, chez un savant qui connaissait à merveille les langues européennes et le système politique du monde entier, mais qui n'avait jamais pris le temps d'étudier son propre pays et les mœurs de ses compatriotes ; — sa bibliothèque enrichit ma mémoire et fit de moi un sujet de beaucoup d'espérance ; par malheur, mon maître avait une fille dont il ne s'occupait pas assez et dont je m'occupais beaucoup trop ; l'amour me parut être digne d'une étude approfondie, et je fis si bien que je fus outrageusement mis à la porte.

En proie aux plus vives douleurs, j'allai sur le bord du rivage contempler l'eau, en me demandant s'il ne serait pas sage de chercher le calme éternel dans ses abîmes, lorsqu'un personnage singulier, comprenant sans doute les pensées qui s'agitaient dans mon âme, me frappa sur l'épaule et me dit :

— Tu veux mourir ! Je ne t'en blâme pas. Le grand Être le permet, car il nous a donné des armes pour nous détruire. Seulement le devoir nous commande de ne pas déplaire à nos semblables, et ton corps, en corruption sur ce rivage, pourra nuire à tes frères et peut-être les faire périr; tu n'as pas d'épée, en voilà une, mais arrange-toi de façon, en mourant, à ne pas obliger tes pareils à relever ton cadavre pour le déposer dans la tombe, car il serait injuste et égoïste de les inquiéter de ta chair. Agis comme bon te semblera, mais il est coupable, sache-le, de troubler en quoi que ce soit la quiétude des autres !

Ce raisonnement me sembla plus logique qu'étrange, et je résolus de vivre.

Trois mois après, je débarquais à Yédo. Je m'installai bravement sur le quai, criant à tue-tête aux passants que les pastèques que je vendais surpassaient en saveur et en délicatesse toutes celles de mes confrères les débitants du même fruit.

Mon petit commerce me fit sortir de la grande misère; mais, peu désireux de continuer à rétrécir mon intelligence en grossissant ma bourse, je tentai de rentrer dans une voie moins diamétralement opposée à mes goûts.

La science me plaisait. Je frappai à la porte d'un lettré, grand docteur, qui était en quête d'un secrétaire; je lui posai ma demande, en n'omettant rien de ce qui pouvait l'éclairer sur ma vie, et en lui racontant franchement l'embarras dans lequel je m'étais trouvé. Je lui fis entendre que j'en savais plus qu'il ne fallait pour remplir dignement les humbles fonctions de secrétaire, et je pensais être sûrement agréé.

— Mon ami, me dit-il, vous êtes trop savant pour vous plier aux fonctions de scribe. Travaillez pour votre compte. Je me ferais, pour ma part, un cas de conscience de vous dérober aux lettres que vous pouvez servir en fervent disciple.

« Il peut se faire, pensai-je, que les docteurs préfèrent des apprentis aux demi-savants; — les lettrés sont d'humeur chatouilleuse, et il est notoire que la lumière blesse plus les yeux que l'obscurité. A ma prochaine tentative je serai franc sur mon existence passée, mais je n'annoncerai que des connaissances élémentaires. »

Je me tins parole, et, l'occasion se présentant, je fis un récit circonstancié de l'histoire de ma jeunesse et donnai comme fort peu pesant mon bagage scientifique.

— Mon ami, me répondit-on, vous racontez à merveille et votre histoire est palpitante; vous êtes du petit nombre de ceux qui savent charmer l'esprit et le

cœur. Vous m'intéressez vivement ; vous avez de l'intelligence, mais pourquoi faut-il que vous ne soyez
pas assez instruit pour pouvoir être un secrétaire utile
et l'homme qu'il me faut !

« Bien, me dis-je, il faut changer nos plans. La vérité
ressemble au soleil, elle éblouit. »

J'allai chez un brocanteur, qui m'habilla de la tête
aux pieds, et fis une pause de deux heures chez un
barbier, qui me frotta, me poudra, me huila si habilement que j'eus peine à me reconnaître en me plaçant
devant une glace. J'achetai une paire de belles lunettes
vertes qui donnaient à ma physionomie une superbe
gravité.

Sans plus tarder, je me dirigeai au hasard chez un
des deux lettrés qui m'avaient si honnêtement éconduit.

Je fis une entrée solennelle et fus reçu avec force
salutations.

— Je viens auprès de vous, dis-je d'une voix assurée,
parce que vous êtes le plus grand savant de toute cette
région. Il vous faut un secrétaire et je brûle du désir
de me réchauffer aux rayons de votre esprit. Je suis
fils d'un docteur dont les ancêtres ont été très-fameux
dans les lettres. Je lis le tibétain à livre ouvert et la
langue aïno m'est assez familière. Mais tout cela n'est
rien auprès de votre surprenante érudition.

Trois minutes après j'étais enrôlé secrétaire. J'en
conclus que flatter, c'est réussir.

De l'infime position de subalterne, je m'élevai, en passant des examens successifs, à la dignité de docteur; je rasai ma tête et, dès lors la préséance me fut accordée dans les assemblées.

J'aime mon pays, mes concitoyens, mon devoir. Je fais le bien par instinct et non par politique. En résumé, je serais heureux, si quelque divinité cruelle n'avait pas jeté dans mon âme le germe d'une insatiable curiosité et d'une dévorante passion de voyage.

En vérité, c'est un principe sage que celui qui prescrit d'étouffer le feu de ses désirs. Le voyageur ressemble au conquérant et au fumeur d'opium. Rien ne peut assouvir ses penchants; plus il a vu, plus il veut voir.

Le potentat belliqueux qui prend aujourd'hui une province en voudra demain prendre deux, et le fumeur d'opium qui aspire la première bouffée de narcotique signe son arrêt de mort aussi sûrement que le conquérant le malheur de ses sujets, et le voyageur le sien propre.

L'Être souverain du bien n'a certes pas inventé les navires; je vois là l'œuvre d'un dieu du mal; l'existence du voyageur est anormale. L'homme n'est pas fait pour vivre sans toit et errer à travers le monde sans amitié et sans famille. La vie ne doit pas être une course par monts et par vaux, mais une promenade dans une petite plaine uniforme. C'est être fou que de chercher le bonheur dans la fièvre, et le voyageur ne le cherche pas ailleurs.

Le véritable bonheur est là où on le soupçonne le moins, et celui qui se confine dans la plus grande obscurité me paraît en être moins loin que le téméraire qui, en voulant agrandir son âme, la ronge et la torture.

La réflexion est une lame de fer rouge qui laboure l'esprit, l'agrandit et l'ulcère.

Les profonds penseurs ont pour la plupart sur le front et dans les yeux l'empreinte des mille douleurs qui se déchaînent dans leur cerveau tumultueux : tout grand penseur qui n'arrive pas à une sorte d'extase béate et stupide est d'une subtilité satirique et démoniaque. Il n'y a pas de milieu. Il faut être saint et martyr, ou démon et souverain.

La révélation du monde tel qu'il est montre presque partout au pinacle le crime adroitement conçu posant ses deux pieds implacables sur la vertu. Le roi terrestre, c'est la ruse. La réflexion que donne la science, c'est le mal ; l'ignorance, c'est le bien.

II

TRAVERSÉE. — SATREBIL

Mes affaires étant réglées, ne laissant derrière moi ni femme qui pût compromettre l'honneur de ma maison, ni serviteur, ni gérant pour dilapider ma fortune, ni débiteurs pour se réjouir de mon départ et de mes extravagances, ni héritier qui cherchât à influencer la divinité pour ma fin prochaine ; ne dépendant que de moi, seul au monde, et, précisément pour cela même, libre de commettre les folies les plus monstrueuses, je partis, résolu de me laisser pousser par le destin jusqu'au bout du monde !

Le premier épisode de mon voyage fut une lutte de deux jours avec un terrible typhon, qui rendit religieux tous les sacripants du navire.

J'ai jugé par là, premièrement, que la foi anime plutôt les malheureux que les gens heureux ; secondement, que les adorateurs du Très-Haut doivent être plus nombreux parmi les pauvres que parmi les riches ;

et troisièmement, que le maître qui veut se faire respecter doit être sévère.

Pendant la tempête, un seul homme, nommé Satrebil, conserva toute sa lucidité d'esprit et osa sourire devant les flots qui s'entre-choquaient autour de nous comme des montagnes dans un tremblement de terre.

A la poupe du navire, la main droite appuyée sur un débris de mât, la tête fixe, l'œil étincelant, il contemplait sans effroi le sublime spectacle de la mer en fureur, et, lorsque des lames s'abattaient sur lui, on eût dit que leur courroux était nul ou s'éteignait en le touchant.

Cet être singulier donnait, par son attitude, de l'assurance aux forts, de la terreur aux âmes timorées et superstitieuses, qui voulaient voir en lui l'agitateur secret de tous les éléments.

C'était bien, au physique et au moral, la plus étonnante créature que j'aie jamais vu.

Il avait les traits d'un Européen, mais la peau couverte d'un hâle si foncé, qu'on l'eût pris au premier abord pour un enfant d'Afrique. Sa barbe crépue, ses cheveux longs encadraient un visage plus fait pour intimider que pour attirer. Ses vêtements étaient en lambeaux, mais il les portait si noblement qu'on s'en apercevait à peine.

Cet étrange personnage parlait toutes les langues. Il connaissait l'histoire de tous les peuples.

— Vous voulez, me dit-il, fouler le vieux sol d'Europe ; prenez garde, il y a là contagion de tyrannie et de paganisme. Moi qui vous parle, j'y suis né, et après y avoir vécu heureux, je m'y suis vu si misérable que j'ai préféré en partir. Aujourd'hui le monde entier est ma patrie. Je convertis les âmes généreuses aux principes libéraux ; tous ceux qui veulent le bonheur de leurs semblables m'appellent. J'ai l'âme bonne, mais emportée et fougueuse. S'il m'est bien arrivé parfois de verser du sang, je le faisais pour le bien ; et, après tout, l'humanité y a gagné. Je suis un être terrible et je vous fais peur, n'est-ce pas?

En effet, l'incohérence de ses discours me le faisait prendre pour fou, et je ne pouvais maîtriser un certain sentiment de crainte.

— Je vous fais peur ! continua-t-il ; vous avez tort. Rassurez-vous. Je suis meilleur qu'on ne pense. Ma franchise effraye ; beaucoup d'autres sont hypocrites, voilà tout. Je frappe au grand jour ; mes ennemis étranglent dans l'obscurité.

— Mais d'où venez-vous et où allez-vous?

— Je voyage sans cesse. Je viens de partout et je vais partout,

— Et de quoi vivez-vous?

— Je ne suis pas pauvre ! D'ailleurs, j'ai des fils dévoués en Amérique. D'autres, en Europe, m'ont trompé. Ils ont abusé de mon nom. Je les aimais

pourtant bien tendrement! Fatigues, soucis, veilles
prolongées, tortures, j'ai tout enduré pour eux. L'ingratitude est trop souvent la récompense de mes soins.
Je m'y habitue. Mais pourquoi faut-il que mes fils que
j'ai le plus aimés soient aujourd'hui mes persécu-
teurs ? Fatalité ! On dorlote les enfants, puis, un beau
jour, ils vous poussent hors de votre demeure, et
l'on part, l'esprit contrit, l'âme éteinte, le front plissé
de rides. L'on part, et la dernière prière est encore
pour eux. Le cœur des pères est sublime ou lâche!

Et là-dessus, cet homme étrange, devant qui j'étais
sur le point de trembler deux minutes auparavant, cet
homme se mit à fondre en larmes et à déplorer ses
calamités.

— Mes chers enfants! s'écriait-il, vous ne pouvez
renier votre naissance. Vous m'avez aimé; vous m'avez
servi. Revenez à moi. Je vous pardonne!

Satrebil est un de ces rares discoureurs qui font
réfléchir. Je finis par m'habituer à sa conversation
brusque, figurée, âpre dans certains moments, mais
forte au fond.

Évidemment, c'était un honnête homme ; il péchait
peut-être par trop de radicalisme. Rien n'est absolu
dans le monde. Quand bien même l'esprit s'efforce d'y
arriver, les faits n'y parviennent jamais. Tout est
mariage, tout est fusion, tout est mélange. L'absolu est
un mythe.

L'imagination ardente de Satrebil l'entraînait toujours trop loin ; dès le début d'une discussion, il était porté au paroxysme de l'exaltation. En ne ménageant pas sa puissance, il s'épuisait et tombait ensuite dans une sorte de prostration. — De là, ses plaintes et ses pleurs.

N'importe ! L'expérience qu'il avait des peuples et du système politique des principaux gouvernements d'Europe m'instruisit beaucoup. Je regrettai sincèrement qu'il fût obligé de nous quitter avant notre arrivée en France.

Lorsque, après avoir franchi l'Égypte, nous eûmes repris un bâtiment à Alexandrie, Satrebil m'annonça qu'il nous abandonnerait en Grèce, d'où il prendrait son vol pour le nord de la Turquie. — Il tint parole. L'heure de la séparation étant venue, et les rivages grecs se déployant à l'horizon, il nous fit ses adieux, nous promit de nous revoir, jura même de me rencontrer dans mes voyages en Europe, et, nous ayant serré fraternellement la main, il s'élança à la mer par-dessus le pont du vaisseau. Nous poussâmes un cri d'effroi, mais il nous rassura bientôt et nous dit qu'un poëte anglais, également passionné pour la liberté, en avait fait bien d'autres. Puis il battit l'eau de ses mains et s'éloigna.

III

ARRIVÉE. — MARSEILLE

Notre navire nous débarqua définitivement à Marseille. Cette ville, qui fut, dit-on, fondée par un peuple peu raisonnable, ne m'en paraît pas moins très-judicieusement située. Sa physionomie rappelle celle d'une personne fort entendue, dont malheureusement l'intelligence a paralysé les tendances généreuses de l'âme.

J'ai rarement vu se coudoyant et gravitant dans les mêmes lieux plus de marchands, d'agents d'affaires, de banquiers, de courtiers, de contrebandiers, de matelots, sans parler des filous et des scélérats.

J'eus un moment l'idée de voyager seul, sans mes compagnons, sans le secours de guides; mais on verra bientôt que les événements en décidèrent autrement. — On s'imagine qu'il est impossible de se faire entendre chez les étrangers si l'on ne connaît pas parfaitement leur langue. C'est un préjugé de novice. Il suffit d'une cinquantaine de mots pour se faire comprendre des gens instruits, et, ceci pourra peut-être surprendre, d'un seul geste pour se faire saisir à merveille des mercenaires. En France, où l'esprit est fort développé, parlez, si bon vous semble, japonais à des gens qui ne connaissent que leur langue, mais montrez une bourse, et tout ira bien.

Puisque les palanquins ne sont pas du goût des Européens, je fus obligé d'avoir recours aux voitures. — Qu'il y a pourtant de différence entre un moelleux norimon porté doucement par des coulis, et ces chars bruyants qui retentissent sur les pavés! Je m'étonne que les Français, qui ne se refusent guère de voluptés, n'aient pas adopté celle-là, et je prétends même que c'eût été un bienfait pour la nation.

En conscience, ne vaut-il pas mieux donner du pain aux hommes que de l'avoine aux chevaux? Et n'aurait-on pas, au moins de cette façon, utilisé cinq à six cent mille individus qui n'ont de capacité que dans les bras et qui, dans l'état présent des choses, l'emploient souvent fort mal? J'en réfère au gouvernement français.

A Marseille, comme dans la plupart des villes de France, sur cinq boutiques, il en est au moins une où les gens s'attablent autour d'un pot de bière ou d'une bouteille de vin.

Fatigué d'une longue course à travers la ville, je me décidai à entrer dans un de ces établissements ouverts au public indolent et flâneur. — L'enseigne de l'endroit avait attiré mes regards : on voyait, appendue au-dessus de la porte, une grande pancarte où était peint un grotesque mandarin chinois habillé de vêtements jaunes et avec cette suscription : AU PRINCE DE NAN-KING.

A peine eus-je fait un pas dans la tabagie, que l'assemblée, composée de buveurs et de fumeurs de tous les âges, de toutes les classes et de toutes les figures, me disséqua sans ménagement de la tête aux pieds. Je n'en demandai pas moins, en français tolérable, une tasse de thé aromatisé, ce qui fit rire sottement une vingtaine de mauvais gaillards; mais, avant même que je fusse installé, il y eut un grand émoi dans la maison, et, d'un commun accord, trois femmes s'écrièrent à l'unisson : *Francœur! Francœur! Francœur!* Ce mot me parut d'abord inintelligible.

Je vis presque immédiatement s'approcher de moi et me saluer fort poliment en japonais un petit homme replet, aux joues fortement rosées, à la mine réjouie, aux favoris blonds roussâtres et aux yeux bleu de ciel.

Je considérai attentivement le bonhomme; sa physionomie était vaguement gravée dans ma mémoire; de son côté, le nouveau venu ne se lassait pas de me regarder de face, de profil et de trois quarts.

— Par Dieu! s'écria-t-il enfin, vous êtes le docteur Kouen-fou?

— Précisément, répondis-je. Par Bouddha ! je te reconnais aussi !

Un quart d'heure après, Francœur et moi, nous étions d'excellents amis. Comme l'homme le plus modeste est toujours invinciblement entraîné à parler de lui, Francœur me conduisit dans les mille péripéties de son existence et me fit le tableau de toutes ses aventures, depuis son séjour à Nagasaki, où je l'avais connu, jusqu'à Marseille, dont il était devenu citoyen.

Francœur est un de ces hommes qui ont, d'une part, trop d'imagination pour être jamais riches, et, de l'autre, trop d'esprit pour se condamner volontairement à la pauvreté.

Suivant les uns, son histoire est celle d'un fou, suivant d'autres, celle d'un homme d'une intelligence exceptionnelle. A Nagasaki, il fut négociant ; à Sumatra, médecin ; à Manille, peintre ; à Paris, tour à tour laquais, copiste, musicien, acteur, et à Marseille, en définitive, directeur de café.

— Excellence, me dit-il, vous allez, en voyageant en France, étudier les mœurs d'un peuple sans nul doute généreux et hospitalier, franc et probe ; cependant ne vous en mettez pas moins sur vos gardes. Les fripons vous coudoieront partout. Vous allez parcourir une terre où croissent les productions les plus variées, où se pressent, sous un ciel tempéré et sain, tout ce que l'imagination peut rêver, tout ce que l'esprit peut inventer; la beauté de notre climat vous surprendra; pourtant, par esprit de prudence, ménagez-vous, sortez rarement le soir, jamais le matin, car il sévit dans nos parages des maladies de poitrine qui enlèvent les trois quarts des étrangers; craignez les refroidissements et cette horde qu'on appelle les chevaliers d'industrie.

— Arrête! lui dis-je, qu'appelle-t-on chevaliers d'industrie?

— D'adroits filous!

Voilà, pensai-je en moi-même, un curieux sujet de réflexion. J'ai toujours cru que la chevalerie était un ordre d'élite. Comment se fait-il qu'en France l'industrie ait à sa tête une compagnie de vauriens? Je m'y perdais.

Franc œur continua :

— Notre nation est éminemment honorable, personne n'en doute; néanmoins, tout compte fait, sur huit individus, il en est au moins un qui se ferait un scrupule, le cas échéant, de ne pas s'approprier votre bien; ayez donc les yeux ouverts; — les voleurs de profession sont rares, parce qu'en France les voleurs ont tous une profession avouable; — l'air que nous respirons en est infesté; — nous en trouvons en habit noir aussi bien qu'en blouse maculée de taches.

Si vous ne voulez pas être trompé, défiez-vous des

gens empressés qui, d'une main, vous serreront affectueusement et, de l'autre, vous déroberont votre
bourse; — défiez-vous de l'ami d'hier qui vous offre
à dîner pour avoir le droit de vous emprunter vingt
louis demain; — craignez l'homme qui prétend avec
trop d'effusion vouloir votre bien : il ne veut en général
que le sien, à votre détriment; — ne vous laissez pas
séduire par la gaieté, pas plus que par la gravité; il est
des fripons aimables et des voleurs d'aspect sérieux !

— Par Bouddha ! m'écriai-je alors, à qui faut-il se
fier ?

— Docteur, ne vous fiez à personne; — si vous ne
voulez pas être dévalisé, sevrez-vous surtout des voluptés que n'oublieront pas de vous offrir des milliers
de séduisantes Parisiennes. Il est dans la capitale certains quartiers où l'on noie sa fortune aussi aisément
qu'une guinée se perd au milieu de l'Océan; après les
femmes, les plus redoutables fripons sont les usuriers;
après les usuriers, les plus à craindre sont les renards
d'affaires; après eux, et les moins dangereux parce
qu'ils sont aussi les moins nombreux, sont les cou-
peurs de bourse et les bandits qui s'apostent aux coins
des routes, et remarquez maintenant ce qui advient à
cette cohorte de misérables : — les chenapans qui, le
pistolet au poing, vous demandent dans l'ombre une
bourse souvent vide, vont à l'échafaud ou aux galères
pour le reste de leurs jours; — les bandits qui enlè-

vent un bijou ou un porte-monnaie sont jetés pour longtemps dans les cachots; — les faiseurs d'affaires qui opèrent au grand jour et qui s'approprient adroitement la fortune des autres, sont quelquefois diffamés, mais trop souvent estimés; — les usuriers qui pressurent honteusement de pauvres insensés et les mènent adroitement au tombeau, sont bien reçus partout, et les femmes qui ruinent, avilissent et tuent, sont adorées comme des idoles.

— Par Bouddha! m'exclamai-je, la sagesse des lois françaises, sagesse si vantée, serait-elle illusoire?

Avant de quitter Marseille pour me rendre à Paris, je voulus encore parcourir la ville. Francœur m'accompagna.

— Excellence, me dit-il, ouvrez les yeux, examinez et jugez! Il n'est pas nécessaire ici d'étudier pendant longtemps les citoyens, pour les connaître à fond. Ils se révèlent aisément. La vie dans notre ville est tout extérieure, tandis qu'à Paris tout se fait en dedans. On descend bien dans la rue pour donner le coup de grâce, mais tout est déjà combiné ou, si vous voulez, amorcé à l'intérieur. Rien de semblable ici. Les Marseillais naissent, vivent et meurent dehors. Ils crient, jurent, chantent, s'assemblent, commercent et font de l'esprit sur la voie publique. Rentrés chez eux, ils sont bons maris et se hâtent de se mettre au lit. Le Marseillais déteste la solitude, le calme l'épouvante, le silence le tue. Il aime mieux se ruiner bruyamment que de s'enrichir tranquillement. C'est le mistral fait homme.

J'avouai en toute humilité qu'au Japon je n'avais jamais vu de citoyens d'intelligence aussi surprenante.

— Cher docteur, reprit mon guide, vous seriez bien plus surpris encore si je vous racontais notre histoire. Mais cela nous prendrait trop de temps. Sachez que la ville de Marseille remonte aux époques héroïques, et que le ciel, tout en lui accordant d'insignes faveurs, lui envoya la peste cinq à six fois. — Aujourd'hui, à l'imitation de toutes les villes qui se respectent, elle se détruit pour se mieux reconstruire. — Elle distribue dans le monde ses vaisseaux, ses savons, ses huiles et ses littérateurs. Paris, la ville journaliste par excellence, en regorge, car tout Marseillais est doublé d'un homme de lettres. Le plus sagace des historiens de la France n'était chez nous qu'un petit folliculaire, ce qui prouve d'une manière évidente, — aux yeux des Marseillais, — que notre premier journaliste venu pourrait, s'il le voulait, être un aussi fameux historien que lui. — Le plus petillant poëte-romancier que l'Europe possède est né dans cette ville : personne ne songeait ici à le remarquer, car il se trouvait au milieu de ses pairs. — Une des gloires financières de notre époque est également marseillaise. Nous l'avons coudoyée longtemps sans y prendre garde, et cela s'entend. Dans une

3

pépinière d'hommes d'esprit telle que la nôtre, il passait inaperçu. On ne distingue bien les montagnes que de loin.

. . . .

Le lendemain, j'annonçai au directeur de mon hôtel que je prenais congé de Marseille et naturellement de lui.

— Votre Excellence, me dit-il, fait un trop court séjour parmi nous, et nous regrettons sincèrement de ne pouvoir lui offrir l'hospitalité pendant plus de jours.

— Hospitalité ! sainte hospitalité ! m'écriai-je, tu n'es donc pas encore bannie de toutes les contrées du globe ! Et repassant dans ma mémoire un petit ouvrage fait il y a quelque centaine d'années sur les mœurs des Européens, je me rappelai, en effet, avoir vu qu'en France l'accueil le plus cordial était offert aux étrangers.

Voici comment l'auteur s'exprimait :

« L'Allemagne est faite pour y voyager ; — l'Italie pour y séjourner ; — l'Angleterre pour y penser, — et la France pour y vivre.... » Puis, plus loin : — « En France, on n'est pas hospitalier par devoir, mais par instinct. On s'est arraché les Siamois qui se sont présentés à Louis XIV. C'eût été une honte pour un gentilhomme d'accepter la moindre rémunération de leur part. »

Je fus sur le point de céder aux bienveillantes sollicitations dont on m'entourait; je résistai cependant, car, la plus petite détermination une fois prise, on ne doit jamais en différer l'exécution. Le départ était donc résolu; Francœur devenait mon cicerone et m'accompagnait dans mes pérégrinations; sa vie passée le mettait à même de connaître bien des choses que d'autres n'auraient fait que soupçonner. Il s'expliquait nettement en chinois et assez clairement en japonais; ce savoir n'est pas aussi répandu qu'on serait en droit de l'attendre d'une nation qui se dit et se croit lettrée.

Francœur avait réuni ses hardes, distribué des poignées de main à ses voisins, et, en serviteur dévoué, il m'avait rejoint.

Avant de quitter mon hôte, je crus devoir lui faire une visite de remercîments. Je le saluai le plus civilement possible, l'assurai de ma reconnaissance éternelle, et, pensant bien que les mœurs françaises avaient pu changer depuis un siècle, je déposai sur un meuble un chiffon de papier qui valait cent francs, grâce à deux signatures que le gouvernement y avait fait apposer.

Je partais, lorsqu'un domestique vint, chapeau bas, m'apporter une note où s'alignaient avec la plus heureuse symétrie une vingtaine de chiffres; on me traduisit la missive en bon japonais et je compris qu'en

Occident, si l'hospitalité est souvent mise en théorie, elle n'est pas toujours mise en pratique. En dépit de ma générosité, je devais cinquante francs de plus. Je m'empressai d'acquitter la dette que j'avais contractée sans le savoir.

Ce fut alors que le serviteur, après avoir pris de la main gauche, m'ouvrit sa main droite en marmottant quelques mots que je saisis sans les entendre. Il souhaitait sans doute un salaire pour m'avoir apporté la note de son maître. Heureux d'échapper à ces mercenaires qui, tout en me prodiguant des génuflexions, commençaient à me dépouiller, je fis l'abandon de quelques menues pièces et m'élançai du côté de la voiture. Là, deux hommes m'attendaient : l'un gros, au teint blafard, aux joues luisantes, qu'à sa malpropreté je compris être un cuisinier, me demanda résolûment ce qu'il appelait un pourboire, chose assez ridicule, on l'avouera, de la part d'un valet de cuisine qui a la nourriture et les boissons à sa portée. Je m'exécutai, l'homme partit.

Un autre individu, vêtu d'un habit noir, à la physionomie maligne, aux petits yeux, aux cheveux plats, se présenta humblement, me souhaita toutes les prospérités imaginables, et, en définitive, me réclama une rémunération.

— Qu'as-tu fait, lui dis-je, qui m'ait été utile ?

— Excellence, je suis l'homme de place de l'hôtel....

— Fort bien ! mais je ne t'ai rien commandé.

— Excellence, je me suis toujours tenu à votre disposition et j'ai tout négligé pour vous servir.

— Mais je n'avais en rien besoin de toi.

— Excellence, je l'ignorais, et, présumant le contraire, j'ai consacré mon temps à attendre les ordres
de Votre Excellence.

Je pensai qu'avec un scélérat de cette trempe je
n'aurais jamais le dernier mot et soldai l'impôt.

Cette journée ne fut pas sans fruit : — elle me fit
réfléchir. Je compris quelles ressources présentait la
division du travail, — surtout lorsqu'elle est appliquée
à l'exploitation des voyageurs.

IV

AVIGNON, LYON. — ARRIVÉE A PARIS

— Il est grand temps de partir. Eh vite ! Le chemin de
fer est implacable ! exclama Francœur en regardant sa
montre, et deux à trois coups de fouet furent appliqués
sur le dos de notre cheval, qui nous eut bientôt transportés à l'embarcadère.

— Eh ! vite nos billets ! Allons, entrez dans cette salle.
Bien. Surveillez vos bagages ! Bon Dieu ! éloignez ces
badauds qui nous entourent. Le peuple marseillais sera
toujours le même ! Attendez-moi, je reviens.

Francœur se fit de vive force un passage au milieu
de la foule et disparut. Un quart d'heure après, je le
vis revenir essoufflé et triomphant.

— Allons, s'écria-t-il, grâce à Dieu, voici les billets.
Tout est bien qui finit bien. Montons en wagon. Pres-
sons-nous ! La cloche sonne. Il est plus que temps.
Suivez-moi. Je vais choisir une caisse.

— Une caisse ! que veux-tu dire, Francœur ?

— Oui, par Dieu! oui, me répondit mon guide, une caisse. Vous prendrez un coin et j'occuperai l'autre. Le voyageur est un colis à deux jambes. L'ignorez-vous? Allons, montez!

Et Francœur me poussa dans un compartiment et m'y installa.

— Maintenant, me dit-il, qu'il vienne princes, rois, marquises ou duchesses, nous ne bougerons pas.

— Mais, repris-je, la galanterie ne voudrait-elle pas que nous cédassions les meilleures places aux dames? Ne craignez-vous pas de vous attirer quelque fâcheuse affaire?

— Comment? Qui a dit cela?

—Certain petit livre traitant des mœurs européennes. J'y vois que les deux plus belles qualités françaises sont la politesse et le courage. Que la galanterie veut que les hommes abandonnent partout aux dames la préséance, et que, si l'on vient à manquer à cette règle de la plus simple politesse, le premier seigneur venu est en droit de vous rappeler à votre devoir en mettant l'épée à la main.

—Ta! ta! ta! Candide docteur, me répondit en riant Francœur, votre livre fut parfait, mais il radote aujourd'hui. Autre temps, autres mœurs. Les idées de 89, les droits de l'homme, les principes anglo-américains, 1830, le besoin d'égalité éclatant en 1848, ont changé toutes ces vieilles prérogatives. La grammaire, qui a

force de loi, a dit : Le masculin est plus noble que le
féminin, et, vive Dieu ! nous fumons, crachons, jurons,
ronflons devant les dames, qui, à tout prendre, nous
aiment autant que par le passé. La galanterie a été tuée
à bout portant par la jeune génération, c'est juste,
mais l'indépendance de l'homme vis-à-vis de la femme
est née le jour de ses funérailles. C'est là le plus clair
bénéfice de soixante années d'insurrections, d'émeutes
et de révolutions !

. . . .

A quelques centaines de ris plus au nord, Francœur se mit à la portière et signala à l'horizon la ville
d'Avignon.

— Voilà, me dit-il, une bonne cité qui a vu bien des
miracles. L'un est la construction de son pont par un
jeune pâtre qui commença par se moquer d'un pieux
évêque et souleva ensuite un énorme rocher du bout
des doigts. L'autre et le plus fameux, c'est la présence
des papes qui régnèrent bel et bien temporellement
sur quelques millions d'âmes. Aujourd'hui il ferait
beau voir de pareilles prétentions. Nous aimons même
trop l'indépendance pour ne pas gémir sur le sort des
malheureux qui subissent en Italie le despotisme d'un
homme portant tiare à la tête et mules aux pieds. Car,
compatissant docteur, sachez qu'il est encore dans la
Campagne de Rome six à sept cent mille citoyens qui se

laissent à la fois commander et bénir. C'est grotesque, navrant et bouffon, n'est-il pas vrai?

.   .   .   .

J'ai rarement vu le bon Francœur plus animé.

Je dois dire, en toute conscience, que la gravité des motifs qu'il allègue contre la papauté ne m'a pas saisi tout d'abord. Il me semble qu'au fond de tout cela il est des ambitieux qui souhaitent de renverser une couronne pour s'en emparer, et des milliers de gens naïfs qui les acclament sans trop savoir ce qu'ils font. — Le gouvernement de Sa Majesté le pape est, hélas! un gouvernement! — c'est tout dire. — S'il fallait repousser tous les souverains parce qu'ils ne s'acquittent pas habilement de leur rôle, la carte du monde entier serait bouleversée. — Ce que je vois de plus positif dans cette affaire, c'est que la religion catholique souffre cruellement et s'éteint. Aussi je compte bien introduire le bouddhisme en Occident. Rentré au Japon, j'engagerai plusieurs bonzes à venir prêcher en Europe; je leur prédis du succès, car, à la marche que prennent les choses, il n'y aura bientôt plus de culte dans une partie de l'ancien continent. Le peuple français, qui est à l'avant-garde du progrès, s'est prononcé nettement; quelques illustres personnages encouragent la nation à persévérer dans cette voie. Gloire céleste! Confucius et Bouddha vont faire le tour du monde et s'implanter dans cet Occident, hier si orgueilleux de sa religion chrétienne ! Pour le moment, ceux qui détruisent ne songent guère à reconstruire. Rien ne s'élève à la place de ce que l'on abat ; partout une complète indifférence. L'occasion est donc favorable ; accourez, lamas, bonzes et talapoins !

. . . .

Arrivés à Lyon, nous visitâmes, Francœur et moi, les quartiers, les quais, les monuments principaux.

— Eh bien ! me dit mon guide, que pensez-vous de la physionomie de cette cité ? Vous paraît-elle heureuse ou misérable, austère ou corrompue, indolente ou active ?

— Je la suppose, répliquai-je, riche et pauvre, dévote et dépravée, travailleuse et lente tout à la fois.

— Bien jugé ! reprit Francœur. Lyon est en réalité une ville pauvre, parce que les ressources de son commerce reposent sur le luxe. Elle ressemble à ces personnes hydropiques qui, par le fait même de leur maladie, semblent grasses et bien portantes. L'ouvrier est en général ici laborieux, mais facile à entraîner ; émeutier dans l'occasion, malpropre par habitude, routinier, triste et soucieux par tempérament. Les maîtres qui les dirigent sont calculateurs, réservés, mystiques plutôt que religieux. Ils ont du goût pour les arts qui mènent à la fortune et comprennent le beau dans l'industrie, parce qu'ils y trouvent leur intérêt.

La seconde ville de France étudiée, nous songeâmes à gagner Paris. Ce que nous ne tardâmes pas à faire. Huit heures après notre départ, nous touchions aux limites de la capitale.

De loin, le murmure de la grande cité, pareil au grondement sourd d'un monstre gigantesque, vient frapper l'oreille. Des milliers de cheminées, grandes comme des tours, se pressent dans les faubourgs et promènent sur l'horizon des bandes noirâtres de fumée. Le bruit discordant des usines et des forges retentit de toutes parts. Du sein des fournaises jaillissent des étincelles. Le fer se ploie, se retourne comme la pâte sous les coups réitérés des marteaux et des machines.

Les grandes villes sont toutes entourées d'une ceinture où s'agglomère la lie de la population, sorte de bave infecte rejetée au dehors. Paris n'échappe pas à la règle. Une sombre couronne de quartiers où la misère et le vice s'entassent pêle-mêle l'enveloppe comme d'une muraille. La gangrène a également mordu au cœur la grande capitale. C'est dans les parages du centre que l'amour prend ses allures les plus ignobles; par une étrangeté du sort, les parias de la société gravitaient encore hier à peu de distance du palais où la justice frappe chaque jour le crime de ses condamnations.

On aurait dit qu'une puissance vertigineuse attirait ces malheureux près du gouffre qui devait les engloutir. L'intérieur de Paris ayant été rasé, tous ces bouges sont tombés. A leur place s'élèvent de belles maisons qui seront sans doute habitées par les juges des hommes et par les représentants de Dieu sur la terre!

En entrant dans Paris, ce qui me frappa surtout, ce fut l'air de volupté, l'atmosphère de plaisirs profanes qu'on y respire à pleins poumons. Heureux peuple que celui de France, parce qu'il oublie tout et ne prévoit rien !

V

MON INSTALLATION A PARIS

Francœur m'installa dans le grand hôtel de France, vaste et confortable habitation dont j'aurai bientôt à reparler. Ma vue causa quelque sensation dans la maison ; peu s'en fallut qu'on ne me considérât avec une injurieuse stupidité : je compris que mes vêtements, plus que mon visage, m'attiraient cette admiration ridicule, et je résolus d'y mettre bon ordre.

Je priai mon hôtelier de me ménager un entretien avec un tailleur, qui vint, en effet, prendre savamment ses mesures à l'aide d'un ruban numéroté et qui m'habilla sur l'heure, des pieds à la tête, à la grande mode parisienne, c'est-à-dire à la plus vantée et par conséquent, sans doute, à la plus sotte mode du monde.

Dans mon nouveau costume, qui me rendait à coup sûr fort disparate, je fus à peine regardé. Ce fait, qui n'avait en lui-même rien que de très-naturel, m'invita cependant à réfléchir au rôle de l'habit dans le monde, et je vins, par une suite de déductions, à me demander si l'habit ne faisait pas l'homme plutôt que l'homme l'habit. Je songeai que, si les défenseurs de la patrie n'étaient pas revêtus d'un uniforme, ils risqueraient de ne pas exalter autant l'esprit du peuple ; je me souvins de cette éternelle vérité, qu'il n'est pas pour le peuple de grands hommes en robe de chambre, et que, si le mérite est apprécié de quelques-uns, les vêtements du nom, — les titres, — le sont de tous.

Ce fut dans mon nouvel accoutrement que j'entrepris ma première promenade. Francœur était à mes côtés, prêt à répondre à mes moindres demandes, et plus prêt encore à les prévenir. Comme il avait habité quelques années Paris, et que son esprit chercheur lui avait fait dévoiler bon nombre de mystères, il promettait de me fournir une ample moisson de curieux renseignements. On verra dans la suite de ce récit que je ne plaçais pas trop de confiance en ce jovial compagnon.

Le cours que nous suivions était traversé par une foule de personnes des deux sexes d'une élégance irréprochable. Seulement, je remarquai avec étonnement que les hommes affectaient pour la plupart d'avoir la vue basse, qu'ils portaient presque tous des binocles et agitaient devant eux une canne comme un aveugle son bâton. Quant aux dames, je fus surpris du luxe qu'elles déployaient, et je pensai que des femmes qui affichaient de telles parures dans les promenades devaient être d'une vertu peu redoutable chez elles ; je me trompais assurément ; depuis, j'ai appris que les dames françaises ne se compromettent pas aux yeux du monde en suivant une voie qui, en Orient, les ferait inévitablement mettre à mort par leurs époux, et que les maris d'Occident comprennent qu'il faut transiger sur bien des points.

Ébloui par ce flot de robes brillantes, presque enivré par le coup d'œil magique de tant de personnes luxueuses qui jetaient au vent toute une atmosphère de parfums, tout un rayonnement de voluptés, je ne pus retenir ces paroles :

— Décidément, Paris est bien la capitale des plaisirs : je n'ai jamais vu nulle part, même à Osaka, de femmes plus gracieuses et plus séduisantes ! Hélas ! mon cher Francœur, je vois se dissiper toute ma philosophie et s'envoler mes plus beaux principes. Si je n'avais un poids de cinquante longues années sur ma tête et un vieux visage ridé, je me donnerais, ma foi, la fantaisie d'admirer de plus près une de ces agaçantes beautés...

— Excellence, me répondit mon guide, l'âge ne doit pas être mis dans la balance ; si vous connaissiez mieux les mœurs de certaines de nos Françaises, vous sauriez qu'auprès de beaucoup de femmes les vieillards ont plus de succès que les jeunes gens. La coquetterie a depuis longtemps dévoré l'amour, et les louis d'or paraissent plus doux à l'œil que les sourires les plus passionnés.

— Serait-il vrai, répliquai-je avec naïveté, que les bayadères ne fussent plus que des filles avares?

— Sans aucun doute, reprit judicieusement Francœur, et elles ont raison ; car elles savent qu'en économisant elles trouveront sûrement, un jour ou l'autre, un mari jeune et gentilhomme de bonne compagnie.

En ce moment passait une dame dont la beauté était apparemment très-remarquable, car tous les regards se braquaient sur elle; elle promenait ses yeux sur la foule avec une telle assurance que je la pris pour une femme fort peu soucieuse de sa vertu.

— N'est-ce pas là une femme célèbre dans le monde des plaisirs ? demandai-je.

— Pardonnez-moi, Excellence, cette dame passe pour honnête, et elle l'est.

— Par Confucius ! comment en France la vertu se distingue-t-elle ?

— Moins difficilement que vous ne pensez, répondit Francœur, et le vrai Parisien ne s'y trompe pas : — la femme vertueuse marche à pas égaux, et sans détourner la tête. Elle ne se fait jamais suivre d'épagneuls, et porte les modes que les femmes perdues ont inventées, mais délaissées depuis six mois.

— Ce sont là des subtilités.

— Peut-être, mais il n'est plus d'autres distinctions.

VI

L'HOTEL DE FRANCE

L'hôtel que j'habite n'est certes pas une demeure ordinaire ; toutes les chambres sont numérotées et communiquent aux appartements du directeur par un appareil télégraphique ; leur grandeur est à peu près égale, mais leur ornementation et leur exposition sont différentes. Les unes sont aussi luxueuses que le boudoir d'une jolie femme de mandarin. L'ameublement des autres est très-sévère.

Au rez-de-chaussée stationne un grand factionnaire qui se tient immobile au passage des principaux habitants de l'hôtel, se découvre respectueusement devant le maître de la maison, retourne ses moustaches, regarde les femmes dans ses moments perdus, et il en a beaucoup, se distrait en apostrophant les jeunes enfants, tire les oreilles aux petits marmitons, et donne la chasse aux chiens, aux chats et aux rats.

Un peu plus loin, la cuisine est encombrée de gens de toutes sortes, depuis le chef jusqu'aux garçons de peine ; il y a plus de trente individus qui assistent à la cuisson des mets, et qui de temps à autre plongent leurs doigts dans les jus et dans les sauces.

Passons à la salle destinée aux repas. Les serviteurs s'y promènent à la fois avec agitation et un singulier ordre ; — ils se lancent des expressions particulières, qu'ils répètent, comme des échos, à travers les couloirs ; à force d'allées et de venues, ils disposent tout avec une parfaite symétrie. Leur mise est incomparablement plus soignée que celle des maîtres : ils portent un habit noir, une cravate blanche, des souliers vernis et se ressemblent à s'y méprendre ; on exige d'eux devant le monde une bonne tenue et du savoir-vivre. Ils doivent, en outre, pour être estimés de la direction de l'hôtel, abdiquer tout sentiment d'indépendance, et recevoir au besoin, sans broncher, des soufflets et des coups de pied ; ils doivent courber l'échine pour porter les voyageurs invalides, offrir des crachoirs aux uns, des lavabos aux autres, et, dans tous les cas, ne jamais élever la voix contre la règle. Des surveillants, inflexibles devant les subalternes, souples et presque vils devant les étrangers d'importance, marchent incessamment de long en large, et caressent d'une serviette fine les siéges, les tables ou les assiettes qui sont à la disposition des hôtes les plus distingués ; — de distance en distance, se tiennent dans les encoignures certains personnages d'excellentes manières qui conversent avec les étrangers sur un plan d'égalité, et prennent rapidement de petites notes lorsqu'ils ont le dos tourné : aux yeux des domestiques, ils passent pour observer les voyageurs, et, aux yeux des voyageurs, pour inspecter les domestiques.

Que de détails j'aurais à fournir sur ce merveilleux hôtel, où l'étranger est, en vérité, plus confortablement que chez lui ! Il me faut pourtant les passer sous silence, car j'ai mieux que cela à vous offrir.

J'allais me reposer des fatigues de la journée, lorsque Francœur frappa à ma porte et m'annonça que, si je souhaitais de m'initier immédiatement aux usages de la société parisienne, il m'emmènerait sur l'heure dans une soirée.

— Tu veux dire dans une nuit ! m'écriai-je en lui montrant l'aiguille de la pendule qui indiquait déjà dix heures du soir.

— Le mot ne fait rien à l'affaire ! répliqua-t-il. Voulez-vous, oui ou non, que je vous introduise dans un salon ?

— Comment donc ! j'accède avec empressement.

— Eh bien ! partons.

Ceci dit, nous sortîmes.

VII

UN BAL

Il était environ dix heures et demie quand nous pénétrâmes dans un salon d'une dimension fort modeste, où se pressaient à s'étouffer dix fois plus de personnes que ne comportait l'étendue de la pièce.

Un grand nombre de bougies et un lustre éclairaient brillamment la salle, et le coup d'œil, tout d'abord, ne laissa pas que de flatter mes sens. C'était un mélange de nudités, d'étoffes éclatantes, de parures étincelantes, de bijoux et de fleurs ; — des parfums pénétrants se répandaient au milieu de cette chaude atmosphère. J'éprouvai comme un éblouissement ; il fut passager.

Le costume noir des hommes, leur air plus grave et plus compassé que celui d'un prêtre à l'office me firent descendre des hauteurs où j'étais monté, et les désillusions commencèrent, quand je me rapprochai de ce cercle de dames que le coup d'œil d'ensemble m'avait montrées si séduisantes !

Franceur m'observait malicieusement.

— Nous sommes sans doute, lui dis-je, chez un grand personnage, ou du moins chez un homme riche?

— Vous n'êtes, me répondit-il, que dans un salon bourgeois, section des employés.

— Mais, fis-je, les employés sont d'heureux mortels; le gouvernement les traite magnifiquement, pour qu'ils se puissent permettre un luxe pareil.

— Erreur, trois fois erreur, aimable Japonais, reprit Franceur; le maître de cette maison de si opulente apparence, quoique occupant un poste dit supérieur, ne touche pas 4,000 francs d'appointements; — de fortune personnelle, il en a peu ou point; sa femme est parfaitement mise, comme vous le voyez, et lui-même (Franceur me désignait un gros personnage appuyé sur le chambranle de la cheminée) paraît comblé de toutes les faveurs de la fortune : sa santé est florissante; sa boutonnière est ornée d'une foule d'ordres, décorations qu'il a bien gagnées, soyez-en sûr, par dix années d'immobilité sur un fauteuil rembourré.

— Il faut, repris-je, qu'on s'attende à quelque banquet à la suite de la danse, car je m'explique de moins en moins la fête que voilà!

— C'est une exposition de petites vanités! Ne cherchez pas ailleurs le motif de cette réunion. Ce luxe apparent cache bien des misères! Le sot orgueil de ces

victimes de la centralisation et de l'absurde réproba-
tion que leur inspire le commerce, se compense gran-
dement par les mille et une humiliations qu'ils éprou-
vent chaque jour.

Celui-ci, par exemple, donne par an deux soirées,
quelquefois une seule, mais il est obligé d'implorer des
bourses pour ses fils ; — quant à ses filles, n'ayant pas
de dot, elles n'auront pas de maris.

Sa vie entière n'est qu'un perpétuel calcul d'écono-
mie et qu'une incessante poursuite de créanciers. Sa
femme est couverte de soie, et lui-même fait honneur
à tous les salons. Mais venez demain, vous le trouverez
cirant ses bottes pendant que sa femme aide au mé-
nage ; tous deux, déjeunant avec une tasse de café et,
le soir, dînant sans vin d'un peu de beurre et de pain
dur.

— Comment! dis-je à Francœur, le gouvernement
attire-t-il ces employés à le servir ?

— Il ne les attire point, ils viennent, ils supplient,
ils se précipitent ; — ils courent se livrer au char gou-
vernemental, qui les écrase comme ces fanatiques
d'Asie sous le char des divinités hindoues. C'est par
centaines de mille qu'il faut compter les postulants ;
on a beau prodiguer les difficultés et les entraves, rien
n'y fait : le nombre augmente ; trois, quatre, cinq années de noviciat stupide et de travail infécond ne
rebutent personne ; ils se précipitent, vous dis-je ! Quant

à vous expliquer la cause d'une telle aberration d'idée qui fait que tant de personnes intelligentes préfèrent cette existence d'esclave aux jouissances de la vie indépendante que donnent l'industrie, le commerce, l'agriculture, je ne saurais le faire; je le constate et c'est tout. Aussi débordons-nous de trop plein, lorsque nos colonies désertes voient s'éteindre leurs derniers planteurs; aussi l'univers, si vaste et si beau, qui provoque les nations voisines, qui les fait grandes, riches, florissantes; l'univers, avec toutes ses merveilleuses productions, semble fermé à la France.

Francœur allait s'échauffer, je l'arrêtai.

— Nous faisons des études de mœurs, lui dis-je. Quelle est cette dame un peu maigre, mais fort belle, qui valse avec tant d'abandon?

Mon guide poussa deux mélancoliques soupirs, puis souriant, me répondit:

— Cette femme est belle, c'est vrai; charmante, j'en sais quelque chose; mais coquette, et cela gâte tout. Tenez, voyez les regards qu'elle vous jette, elle provoque tous les hommages, accepte tous les soupirs, accapare toutes les adorations; si votre gravité vous permettait toutes ces évolutions cadencées qui semblent avoir tant de charme pour les gens qui nous entourent, vous sentiriez, non sans émotion, je vous assure, son corps souple et brûlant frémir dans vos bras; sa main presserait la vôtre, et cet œil noir que vous admirez, plon-

gerait dans vos yeux pour y chercher le chemin de
votre cœur ; — vous l'entendriez se plaindre de la ba-
nalité de l'amour des hommes, et c'est elle qui présente
l'encensoir pour que chacun y jette l'encens ;—elle vous
dirait que sa vie n'est qu'un combat, quand c'est elle
qui cherche la lutte, heureuse des ravages qu'elle produit et des esprits qu'elle enchaîne ; elle ignore que la
modestie est la meilleure des garanties et que le regard
d'une femme vertueuse fait baisser les regards les plus
audacieux. Avez-vous des femmes coquettes à Yédo ?

— Des femmes coquettes ! fort peu ; mais quand par
malheur elles s'avisent de l'être, nous les enfermons.

La plupart des femmes qui nous entouraient avaient
le haut du corps presque nu, et, comme j'allais demander à Francœur l'explication de cette coutume bizarre,
l'une d'elles passa près de nous , souriante et penchée
sur son danseur ; elle était outrageusement décolletée !

— C'est la mode, me dit Francœur.

— La mode !

— Oui ; la mode, vertueux Japonais, est une loi qui,
chez le peuple le plus spirituel de la terre (c'est nous
qui l'affirmons du moins), règle les diverses manières
de se bien vêtir.

— De ne pas se vêtir du tout, veux-tu dire ?

— Vous allez voir. Cette loi , plus inconstante que la
fortune , plus légère que le caprice qui l'inspire , plus
tyrannique , plus cruelle que les arrêts d'un sultan

d'Afrique, vient on ne sait d'où; quelques jeunes écervelés, une coquette, une danseuse de corde, une fille libre, l'imposent, et chacun s'y soumet sans murmurer.

Et tenez! ne faut-il pas à toutes ces femmes une furieuse rage de la suivre — cette mode, — pour étaler ainsi ces épaules osseuses ou ces poitrines si contraires aux proportions des statues antiques? Ne serait-il pas plus adroit et de meilleur goût de laisser l'œil en suspens plutôt que d'étaler aux lumières tant de difformités?

Mais revenons à cette femme qui vous étonnait tout à l'heure: elle est connue pour sa piété; elle est tout en Dieu.

— Pas ici, répliquai-je.

— Ah! fit mon guide, n'allez pas la juger faussement; elle sait admirablement allier le plaisir et la religion, voilà tout; livrée au monde aujourd'hui, demain elle sera tout à l'Église. Elle s'y consacrera avec ferveur : elle est dame de charité, membre de toutes les corporations et fondatrice de plusieurs ordres que je ne saurais vous nommer. Allez la voir et dites-lui que les petits Japonais sont exposés aux pourceaux et que ces jeunes âmes réclament son assistance; elle réunira quelques bonnes amies, et le directeur spirituel recevra ensuite des sommes que ne toucheront jamais vos petits martyrs.

— Martyrs vous-mêmes! fis-je avec dépit; nous

4

n'exposons point nos enfants et nous n'avons de martyrs au Japon que ceux qui violent les lois.

— C'était un exemple, me répondit Francœur ; mais allez dire à cette même femme que son frère se meurt de misère ; qu'il a faim, qu'il a froid, qu'il souffre, en un mot, et qu'il réclame son assistance : « C'est un paresseux, répondra-t-elle, c'est un impie ; qu'il meure dans l'impénitence finale. »

Cette dame de charité se donne pour sainte mission de consoler les malades ; l'autre jour, elle visitait l'hô_ pital ; passant devant le lit des pauvres délaissées, elle demandait à chacune d'elles la cause de sa souffrance : « Et vous, disait-elle à l'une de ces malheureuses, vous avez un enfant ? — Oui, madame. — Et le père, qu'est-il devenu ? — Il m'a abandonnée. — Voilà ce que c'est que la mauvaise conduite ! C'est Dieu qui vous punit, mon enfant. »

Et elle poursuivait ses visites.

Trop de ces femmes savent, par d'habiles compromis, marier les plaisirs et les pratiques religieuses ; Ces pratiques les acquittent à leurs yeux, mais ne les changent pas ; chaque jour les voit retomber dans les mêmes fautes, et Dieu, qu'elles ne prient que du bout des lèvres, ne saurait transformer leur cœur.

En ce moment passa devant nous une jeune fille blanche et rose, ravissante, belle comme une houri dans un rêve d'opium ; elle me rappelait la première femme que j'avais aimée, Lio-Kama de Nagasaki. Son regard modeste, son air enfantin contrastaient avec sa toilette ; elle semblait honteuse d'être si belle et de le faire voir. L'orchestre jouait une valse ; la jeune fille bondit bientôt au bras d'un élégant cavalier ; je la suivais presque enivré. Lorsqu'elle revint auprès de moi, le bras gracieusement arrondi, soutenue par son danseur, je ne pus maîtriser une sorte d'extase : ses épaules gracieuses, frémissantes, palpitantes, me fascinèrent, me subjuguèrent ! Ma foi ! je perdis la tête, mon indignation céda devant ma faiblesse ; aussi, j'ai honte de le dire, j'admirai ! j'oubliai mon âge, ma position, ma gravité, la vertu ; j'admirai, attendant avec une profonde impatience qu'une nouvelle évolution de la belle danseuse me permît de contempler encore tous ses charmes. Quant à Francœur, qui m'observait, il sourit légèrement ; mais si légèrement que ce fût, je compris la leçon ; je rougis et rougis d'autant plus, que d'autres regards, regards lubriques, s'attachaient sur la chaste jeune fille, inconsciente de l'effet produit et, sans doute, en ignorant la cause.

— Voilà la chasse au mariage ! me dit Francœur. La mère, par une négligence étudiée, par un savant oubli, a laissé à la jeune vierge un corsage trop large, une épaulette trop basse, permettant ainsi aux prétendants de fouiller à l'aise et de scruter en public les secrètes beautés de sa fille ; les jeunes gens, les vieillards eux-mêmes peut-être s'enflammeront : le souvenir de cette suave poitrine de dix-huit ans les tiendra éveillés durant le silence des nuits, jusqu'à ce que, dévorés d'amour, ils viennent déposer aux pieds de la mère une demande ardemment souhaitée.

— Et la pudeur! Français du diable! fis-je à mon guide, la pudeur !

— Ah! la pudeur! la pudeur! Nous en faisons chez nous ce que vous faites en Orient de vos femmes coquettes, — nous l'enfermons à la maison.

VIII

Deux jours après mon arrivée, une lettre de Yédo
me fut remise; elle portait la signature de mon vertueux ami le docteur Tsoutsima et contenait ces
phrases :

« Très-vénéré et savant lettré,

« Si ton malheur veut que tu n'aies pas atteint la
très-sublime place que te réserve Con-fu-tsé dans ses
demeures célestes (en d'autres termes, si tu n'es pas
mort), tu dois être dans une des capitales de l'extrême
Occident. Je t'adresse cette missive à Paris, assuré que,
dans une cité qui ne compte pas plus d'habitants, mes
paroles iront sûrement te trouver. Les dieux savent si
j'eusse aimé faire comme mes paroles, mais tu es hi-
rondelle et moi fourmi. Tu étends tes ailes et t'envoles,
tandis que moi, attaché par le destin, je ne sors pas

4.

de notre ville de Yédo. Je m'occupe en ce moment d'un grand ouvrage sur la politique et le caractère des nations d'Europe. Mon édifice se compose déjà d'un nombre considérable de matériaux; mais il me faut, pour couronner mon œuvre, des pierres choisies par ta main.

« Permets-moi, illustre ami, de te poser quelques questions. Ne déguise rien; que ta parole soit franche et sonore comme le gong frappé par le célèbre bonze Oratsi-kou.

« Quels sont les penchants actuels des Européens? J'ai beau m'ingénier à saisir le fil de ce problème, je n'y comprends absolument rien. Ont-ils une conviction religieuse, artistique et littéraire ?

« Retrace-moi à larges traits l'histoire de tous ces barbares; — seraient-ils plus civilisés et plus grands que nous? dis-le-moi en toute franchise.— Tu sais que ma mémoire d'écrivain ne se rappelle que ce qui est favorable à notre patrie. N'est-ce pas là agir en bon citoyen? Ne doit-on pas chercher à enregistrer tous les travers, tous les vices des autres peuples, afin de pouvoir en présenter plus tard le hideux faisceau à sa patrie et lui dire : « Tu es le plus grand pays du monde, tous les autres peuples te regardent avec admiration et se courbent devant ta gloire. » Voilà, très-vénéré docteur, ce que je voudrais rapporter à nos concitoyens, grâce à tes scrupuleuses informations.

« Je poursuis. Quel est le premier peuple d'Occident ?
Est-ce la nation anglaise, qui, semblable à l'albatros
affamé et rapide, parcourt incessamment le globe, bec-
quetant ici des îles, là des ports, plus loin ne faisant
qu'une bouchée de territoires immenses et ne se las-
sant jamais de voler ? Est-ce le peuple hollandais, qui,
malgré toutes les vexations que nous lui avons fait en-
durer, persiste à nous acheter nos denrées ? Seraient-
ce les peuples espagnols et portugais, jadis maîtres de la
moitié de la terre ? Sont-ce les Français, ces hardis
guerriers qui font de la géographie héroïque à travers
le monde, et qui ne savent pas garder de colonies
profitables ? Parle.

« Maintenant, pénétrons dans un champ plus restreint. On me fait part d'incessantes querelles entre la
France et l'Angleterre, qui, tout en s'embrassant di-
plomatiquement sur les deux joues trois à quatre fois
par année, se déchirent et se vilipendent comme
Mandchoux et Chinois. Est-il juste, en vérité, que les
Anglais se donnent le méchant plaisir d'injurier cons-
tamment la France, qui a bien voulu vaincre à leur
place en Crimée et dans le Céleste-Empire ? Croiraient-
ils que l'ingratitude est un acte d'indépendance politique ? Que faut-il penser, illustre ami, de toutes ces
rumeurs ?

« Si ton pinceau trouve autre chose à me dire, qu'il
s'amuse à courir, je serai toujours tout oreilles, comme

je suis, en me déchaussant le pied droit, ton plus inséparable ami.

« TSOUTSIMA. »

. . . .

Le soir même, je sortis mes pinceaux, humecta mon encre, et me mis bravement à répondre à Tsoutsima.

« Très-célèbre lettré,

« Reçois, avec mes félicitations sur ton patriotisme, mes remercîments sur la faveur dont tu veux bien m'honorer. Correspondre avec l'éminentissime historien du Japon, lui fournir des matériaux, c'est vivre pour l'éternité.

« Sans plus attendre, j'arrive aux faits. — Tu m'interroges sur les tendances des Européens. Si j'écoutais mon premier mouvement, je te déclarerais net que je n'y comprends rien.

« Je vois, ici, des peuples qui jurent ne plus vouloir de souverain et se hâtent d'en prendre d'autres ; — là, des rois qui se serrent cordialement la main et se détestent ensuite ; je vois des nations généreuses au fond qui s'appliquent à l'être le moins possible dans la forme, et qui préfèrent à des qualités sans profit d'affreux défauts profitables ; je vois bien d'autres choses, mais je les passe. . . . .

« Les Français aiment les arts, les Anglais le commerce, les Allemands la science, les Italiens les conspirations. En France on fait art de tout, même de la moquerie ; en Angleterre, négoce de tout, de la religion comme de la guerre ; en Allemagne, de la science sur tout et dans tout ; en Italie, l'on conspire contre tout, même contre Dieu. Voilà ce que je puis t'assurer.

« A ta question sur le plus ou moins de civilisation des Occidentaux ou des Orientaux, je te répondrai qu'étant moi-même extrêmement embarrassé, je préfère te laisser le propre juge de ce débat. Si la civilisation consiste à savoir exploiter une découverte, à inventer des armes terribles ou à équiper une flotte, il faut en convenir, mon cher Tsoutsima, le petit peuple belge lui-même nous surpasserait s'il le voulait ; comme c'est là une humiliante vérité, il sera peut-être bon, si tu veux que ta robe soit un jour ornée du grand dragon jaune, de n'en pas dire un seul mot.

. . . .

« J'arrive à d'autres faits ; transforme-toi en balance et examine.

« Les Européens accordent le sceptre aux femmes et les jugeraient pourtant indignes de diriger une petite ville de province ; ils mangent afin de discuter, et prennent des friandises après leurs repas ; chez eux, les dames sortent à toute heure et marchent aussi bien que nos meilleurs fantassins ; on les voit danser avec des étrangers, saluer familièrement dans les promenades et dans toutes les voies. Quant aux hommes, ils fatiguent à chaque instant leur coiffure en rencontrant leurs semblables.

« Certains Européens s'informent des nouvelles de leurs frères en leur demandant s'ils sont en vérité bien debout (1) ; d'autres, tels que les Hollandais, qui ont un entrepôt à Désima, s'interrogent plus sagement sur la nourriture qu'ils ont prise et se disent: *Smakelyk eten ?* « Avez-vous dîné? » Certain peuple qui ressemble beaucoup aux Français par la tournure de son esprit, et que la puissante Russie a soumis à son joug, compte dans l'extrême Occident un très-grand nombre de représentants qui semblent prendre fort gaiement leur parti de ne plus avoir de patrie ; ils abordent les étrangers avec une grande courtoisie ; un d'eux me dit un jour : *Padam do nog*, ce qui me fut expliqué par ces mots : « Je tombe à vos pieds. » Je m'attendais à le voir se courber devant moi, mais il n'en fut rien ; le barbare s'approcha d'une autre personne en lui lançant les mêmes paroles et sans plus obéir à ce qu'il avançait.

---

(1) Allusion probable au *Comment vous portez-vous* des Français, au *Come sta* des Italiens, au *Como esta V.* des Espagnols.

« Du reste, en cette matière comme en bien d'autres, il leur arrive rarement de faire ce qu'ils disent; ainsi les Espagnols, qui, suivant un de leurs grands hommes, ont l'apparence de la sagesse, tandis que les Français, qui n'en ont pas l'apparence, en ont la réalité, les Espagnols se présentent parfois devant les dames en disant: *Beso a usted los pies* « Je vous baise les pieds, » ce qui me paraît d'une politesse sotte, exagérée, basse, vile et malsaine. Encore, si les pieds des dames européennes ressemblaient à ceux des femmes de mandarins, s'ils étaient petits, potelés, faits à l'image des pieds des jeunes chats; mais ils sont larges, longs, maigres, plats et endurcis à toutes les fatigues !

« Je n'épuiserai pas la série des usages insensés des Européens : lorsqu'ils écrivent à un pauvre diable, qu'ils maltraitent d'ordinaire et gourmandent d'importance, ils n'oublient jamais de se déclarer son très-obéissant serviteur; ils s'intitulent journellement les très-humbles valets d'une foule de gens qu'ils n'ont jamais connus, et ne pensent pas un mot de ce qu'ils disent. Avec les Européens, je le répète bien franchement, il vaut mieux se *cautériser la langue et se brûler les lèvres* que de chercher à expliquer leur façon d'agir.

« Ah! cher Tsoutsima, que de barbarie dans cette prétendue civilisation! que de folies commises par des peuples jugés sages ! — Tu réclames de moi le tableau politique de l'Europe, mais tu ignores que tout s'enchaîne en cette brûlante matière; tu ne sembles pas savoir que si, en traitant la politique de l'extrême Occident, j'allais effleurer l'épiderme de mon syogoun, le ciel deviendrait peut-être pour moi aussi noir que par un temps de typhon. Je vais pourtant m'efforcer d'esquisser la chose à la hâte, persuadé que Son Altesse, au lieu d'amasser les orages au-dessus de ma tête, me saura gré de parler en toute franchise et reconnaîtra que le sujet qui veut détruire ne marche pas tête levée, mais fouille dans l'ombre à la base du monument. D'ailleurs, n'est-il pas dit qu'on doit la vérité aux souverains et aux mendiants, parce que les uns sont au-dessus de l'éloge, les autres au-dessous? Je me comprends, tu m'entends, il me comprendra. Passons.

« Te souviens-tu de l'étrange et maniaque lettré Sikokou? C'était un petit homme à l'air singulièrement ironique. Il portait la tête sur l'épaule gauche, marchait à petits pas, mais toujours très-vite; il vous regardait jusqu'au fond de l'âme et se mettait à partir d'un éclat de rire. Ses yeux scintillaient comme deux étoiles, et ses lèvres grimaçaient à chaque phrase que prononçaient ses interlocuteurs. On eût dit qu'il se moquait de tout, même de lui. Bref, s'il n'eût pas eu sa bizarre collection d'animaux, nous aurions, toi et moi, laissé le cher docteur à ses satires et à ses cruelles reparties; mais les animaux faisaient passer l'homme. Rappelle tes souvenirs. Dans une douzaine de cages décorant sa chambre de travail, se tenaient d'ordinaire des animaux venus de loin, et la plupart d'Europe : là un chat, ici un chien de la variété des preneurs de rats; ici un singe mandrille à la mine renfrognée ; plus loin, une dinde avec des faucons pour petits; une douzaine de campagnols bien nourris, cinq lézards verts de taille à rivaliser avec des crocodiles, et enfin un ours. Tout cela criait, piaulait, s'agitait et dévorait. Le chat, d'origine britannique, miaulait à fendre la tête de ses voisins, montrait ses griffes, faisait le gros dos, s'étirait, lissait ses barbes, s'emparait des meilleurs morceaux, et, à peine repu, jetait au vent de nouvelles plaintes. — Le chien, chien français, trop à l'étroit dans sa niche et d'ailleurs retenu par sa chaîne, s'élançait follement en avant, se démenait et aboyait. Bien qu'ennemi juré du chat, il avait pourtant la bonhomie de le laisser en paix, se réservant toutefois le droit de lui donner un jour ou l'autre une verte correction. Bon diable au demeurant, mais tapageur, plein de fougue et de jeunesse, maître chien aspirait à la liberté; il rongeait mélancoliquement ses os et ronflait ; — tandis que le singe, né par une étrangeté du sort dans les parages de l'Italie,—rageur et taquin,—se tordait sur lui-même, dans l'impossibilité où il se trouvait de pincer les autres, il se mordait les doigts et se grattait la poitrine jusqu'au sang.

« Tout près de là, la grosse dinde, sortie, je crois, de l'Allemagne, se gonflait et envoyait de lamentables glou-glou à la moindre agitation de la galerie. Ses petits criaient alors et menaçaient de s'échapper. La pauvre bête était au martyre. Les rats, toujours amateurs de maraude, attendaient le sommeil de la ménagerie pour faire leur coup, et les lézards, d'un pas incertain et timide, se répandaient alors dans la chambre. Enfin, parmi les hôtes du vieux maniaque, l'on voyait un jeune ours aux poils soyeux, mais au cou déjà pelé par le collier. Ce singulier personnage regardait philosophiquement ses compagnons, et ses yeux semblaient dire : « Mes bons amis, un beau jour je vous happerai, » Peut-être était-ce là, de notre part, une médisante interprétation, mais il t'en souvient, cher Tsoutsima, nous la fîmes pourtant ensemble.

« Tel était le spectacle que présentait en temps ordinaire la galerie du lettré Sikokou. Tu te demandes quel rapport il peut y avoir entre l'Europe et cette ménagerie ; de grâce, suis-moi et attends.

« Il prenait parfois à l'original docteur la diabolique fantaisie de déchaîner tous ses animaux et de les voir se livrer à des ébats désordonnés. Il voulut bien, un jour, me permettre d'assister à l'une de ces infernales scènes. Je me logeai dans un panier attaché au plafond, et, de là, à l'abri des horions, il me fut permis de tout voir.

« Les portes s'ouvrent et le combat commence. Le singe s'élance le premier hors de sa retraite ; un coup de patte d'un côté, un coup de queue de l'autre, un coup de dent plus loin, ont bientôt mis en alerte toute la fourmilière. Le chat se blottit dans un coin, et, sur la pointe de ses griffes, attend les événements.

« Maître chien rejoint en trois bonds son camarade le singe et se précipite étourdiment au milieu de la marmaille de la dinde, qui, n'écoutant que sa fureur, attaque résolûment l'ennemi. Elle reçoit deux coups de crocs et se retire effarée en laissant cinq à six de ses petits sur le terrain.

« Vient le tour du chat.—Craignant l'impitoyable griffe du malin animal, le singe, demeure à l'écart, tandis que le chien s'avance témérairement du côté du matou. Les deux ennemis se regardent de travers, se mesurent des yeux, — remémorent, dans un grondement sourd, leurs antiques griefs, se montrent les dents et sautent l'un sur l'autre. Voilà deux sanglants sillons tracés dans la tête de maître dogue et une cruelle morsure dans la patte gauche de mandarin matou.

« — Beau désordre ! me dit en ricanant le docteur ; belle journée pour mon chien ! Les blessures de ces maudits chats sont souvent mortelles. Mais attendons la fin.

« Le dogue n'était pas, en effet, au bout de toutes ses

attaques; il s'approche de l'ours et le réveille. Celui-ci, après être tombé à l'improviste sur le chat, allonge un coup de patte à maître chien, qui répond par un vigoureux coup de dent et paraît plus audacieux, plus terrible que jamais. Néanmoins, satisfait de sa victoire sur le chat, l'ours se retire à pas lents dans sa cage, nettoie ses babouines, se frotte le dos contre une balustrade, se couche tranquillement sur le sol et s'endort.

« Les rats et les lézards sortent de leur retraite, lèvent la tête, écoutent, et au moindre bruit se retirent; ils reviennent, avancent moins timidement, puis courent en tous sens, lèchent le sang versé, font des razzias, dépècent les victimes et en emportent les débris dans leur refuge.

«— Eh bien! savant Tsoutsima, veux-tu savoir la conclusion de tout ceci? L'Europe ressemble étrangement à cette ménagerie.

IX

(Suite de la lettre de Kouen-fou.)

« De la politique vivante je passe à l'histoire, qui est la politique des morts. Voici, à larges traits, le récit des événements qui ont fait des Français un des premiers peuples du monde. Il y a mille ans et plus, née dans les parages du nord de la Germanie, une horde de sauvages émigre en France, tuant, saccageant, pillant ; c'était justice, elle s'annonçait en peuple régénérateur. Les habitants du pays, victimes de ce fléau, se disent qu'en présence des tremblements de terre, des épidémies et des barbares, on se soumet et l'on ne combat pas. Sacrifiant leurs rancunes à la paix, ils vont même au-devant des étrangers qui ont dévalisé leurs campagnes, brûlé leurs forêts, renversé leurs dieux et enlevé leurs femmes ; — ils offrent leurs filles aux nouveaux venus. Ceux-ci répondent qu'ils n'ont que

faire d'accepter ce qu'ils peuvent prendre... Les pères
se voilent la face avec leur barbe et demeurent ainsi
quelques minutes profondément humiliés de la honte de
leurs familles.

« Un des plus anciens chefs de la France fut un nommé
Ho-Huis (Clovis?). Ce maître guerrier avait, à l'imitation de tous les héros de ce monde, une conscience
très-dilatable ; il était profondément égoïste ; aussi l'histoire ne manque pas de le regarder comme un très-
honorable personnage ; c'est la loi. On met d'ordinaire
la guerre au service de la religion ; ce diable d'homme
eut la singulière idée de mettre la religion au service
de la guerre. Se voyant un jour entouré de vingt gaillards qui pointaient sur lui leurs javelots, il apostropha
ses dieux et leur dit : « Vous ne valez absolument rien ;
me voilà dans une situation déplorable ; vous allez bien
rougir, je vous renie. Désormais, je n'aurai qu'un seul
Dieu. Allons ! grande Divinité que je prie pour la première fois, aidez-moi à triompher des ennemis ; faites
en sorte que tous leurs corps soient la proie des vau-
tours ; montrez-vous reconnaissante de ce que je veuille
bien vous adorer ! » Ce qui fut dit fut fait... Depuis ce
temps, les Français et tout le reste des Européens n'oublient jamais d'implorer ce même Dieu lorsqu'ils veulent tuer glorieusement les gens.

« Les enfants et les États qui se forment ont tous la
gourme. La France l'eut ; c'était naturel. En fait de

coups de poignard, d'empoisonnements, de grandes et
de petites lâchetés, ce pays n'a rien à envier aux autres puissances. Sous les premiers rois, la monarchie
fut en guerre ouverte avec les grands seigneurs du
voisinage. On se tuait, on s'écharpait de la plus généreuse façon. Deux souveraines se mirent de la partie
et s'en acquittèrent tout aussi bien que leurs maris.
J'arrive à une suite de principicules qui chérissaient
tellement le sommeil et toutes les voluptés, qu'un sur-
nom les flétrit tous aux yeux de la postérité. Les derniers de ces rois avaient des serviteurs fort intelligents,
qui se dirent à peu près ce que se répètent les gens du
bas peuple dans ce royaume fictif dont parle le joyeux
conteur Mazulapikoto : « Ils ont des bras, et nous en
avons ; ils s'en servent pour caresser leur barbe
soyeuse et leurs longs cheveux, tandis que nous,
maudit soit la fatalité! nous les employons pour retourner durement le sol ou pour faire des métiers dont
souffre cruellement notre corps. Leur savoir est mé-
diocre : ils ne connaissent ni les étoiles qui peuvent
guider les marins, ni les sciences qui mettent sur la
voie des découvertes; ni les lettres, ni les arts, qui
font aimer la vie et sont la gloire des empires. — Nous,
l'expérience nous vieillit dès notre âge le plus tendre;
notre cerveau se bourre de sciences multiples, nous
arrachons au ciel et à la terre tous ses secrets, et il
nous faut courber la tête devant des maîtres ignorants !

Brisons avec une sotte et ridicule obéissance. L'esprit a ses droits. Pas de noblesse hormis celle de l'intelligence ! » Ils se tinrent tous ces discours, bas ou haut, je n'en sais rien ; mais ce qu'il y a de certain, c'est que les derniers de ces rois eurent les cheveux coupés (fait exécrable en Chine et dans l'ancienne France), et furent enfermés dans un cloître où on leur enjoignit, en les raillant, de prier pour tous et en particulier pour ceux qui leur avaient facilité l'entrée du couvent. Il faut bien en conclure que de bonne heure les Français furent étrangement dégénérés, puisqu'ils trouvaient préférable de se placer sur un trône plutôt que d'adorer à tout jamais tranquillement leur Dieu, dans le calme absolu du monastère.

« Un des fils de ces maires du palais (c'était là le nom de ces ambitieux) fut le plus grand, le plus fort, le plus courageux guerrier de son temps. Cet homme, qui ne craignit ni la guerre, ni la religion, ni l'instruction, ni les femmes, est encore aujourd'hui considéré comme une sorte de divinité ; aussi lui a-t-on accordé une niche dans le temple des kamis.

« L'activité de cet illustre personnage se portait sur tout. Il fit couler beaucoup de sang pour civiliser, c'est l'usage ; il fit établir une école dans son propre palais ; ce n'est pas l'usage, mais n'importe. Il était au-dessus des hommes et naturellement des préjugés.

« On assure qu'il assistait lui-même aux leçons et se prenait d'une colère terrible lorsque les enfants des grands se laissaient devancer par les fils des pauvres. « L'État, disait-il, ne doit rien qu'à celui qui mérite par lui-même ; si vous n'apprenez pas à lire et à écrire, petits misérables, je ferai de vous des ouvriers et des manants. » C'était bien parler sans doute, et si tous les souverains mettaient en pratique cette belle théorie, il y aurait une infinité de *grands-petits*, suivant l'expression du docteur Magi-lapaki.

« Pour tout dire, cet estimable propagateur de l'instruction en comprenait surtout l'importance parce qu'il était lui-même d'une complète ignorance. « Par tous les diables ! disait-il quelquefois en se signant, je sais tuer un homme avec la dague, la rapière ou la grande épée; je peux en fronçant le sourcil faire trembler toute ma cour, qui elle-même met en branle toute l'Europe... eh bien ! je ne pourrai jamais écrire deux mots et parler le latin aussi bien qu'un diacre. »

« Les successeurs de ce prince ne se signalèrent en général que par leurs défauts. Les uns pèchent par trop de douceur, les autres par trop de cruauté; ceux-ci sont stupides, ceux-là vicieux. Bref, la famille n'étant plus jugée bonne à rien, un seigneur fort intelligent nommé Capet la jeta à bas et prit sa place. Je ne te rapporte que les faits d'une haute importance, je ne t'ai même rien dit d'une invasion venue du Nord et qui, sem-

5.

blable à celle des Aïnos, faillit révolutionner le pays. A l'époque où je suis arrivé, une préoccupation immense s'empara de tous les esprits ; un prophète avait dit : « Le monde durera mille ans et plus. » Voilà les bons Européens bien persuadés que la terre va disparaître du rang des astres. Chacun pleure, se désole, se frappe la poitrine et regarde le ciel pour voir si quelque implacable comète ne va pas, de sa queue, lancer le globe dans les abîmes sans fin de l'immensité. Note bien, très-cher docteur, que pendant ce temps la Chine, le Japon et toutes les autres parties du monde jouissaient d'une quiétude parfaite et ne songeaient nullement à une fin prochaine. Que ces peuples de l'Occident sont vains d'avoir supposé que les mystères de Dieu ne devaient être livrés qu'à eux seuls !

« Cette fâcheuse pensée engendra la paresse, et, comme toujours, la paresse eut pour enfants le meurtre, les vols, les exactions, les délits de toute nature. « Décidément, se dirent les sages, il faut purger l'Europe qui devient par trop bilieuse. Toute cette populace oisive s'altère, s'atrophie. L'eau stagnante se corrompt. Tranchons dans le vif, envoyons au diable toute cette horde inutile. » C'est ce qui fut fait ; un orateur fougueux enrégimente mendiants, prêtres et bandits. Tout cela part pour l'Orient. Les trois quarts se perdirent. On n'en entendit plus parler.

« En même temps, un guerrier bardé de fer, monté

sur son palefroi, la lance au poing, la croix sur la poitrine, l'amour de Dieu dans le cœur, se met à la tête de
quelques milliers de braves et part. Il veut empêcher
qu'à l'avenir une vingtaine de pèlerins chrétiens ne
soient insultés sur le tombeau du plus saint de tous
leurs prophètes; d'autres lui succèdent; le courant est
établi. L'Occident se déverse sur l'Orient. Plusieurs
millions d'hommes sont sacrifiés à l'accomplissement
de cette belle œuvre.

« Bon nombre d'années après, des souverains bien
pensants se prirent à regarder derrière eux, réfléchi-
rent à ce qui s'était passé et se dirent : « Voilà, en
vérité, qui meuble avantageusement notre histoire,
mais tout cela n'a pas le sens commun. Ces nobles ex-
péditions ont tellement fait gémir nos finances qu'elles
ne se relèveront peut-être jamais; essayons pourtant
de rétablir l'équilibre. Pressurons le paysan, imposons
sa maison, sa fenêtre, son champ, sa charrue, son sel
et son pain ! »

. . . .

« Je n'ai ni le courage ni le temps, savant docteur, de
t'entraîner dans les mille péripéties d'une guerre de
cent années que la France soutint contre l'Angleterre.
Pendant un siècle les combats succédèrent aux combats, les crimes aux crimes. La perfidie plana au-
dessus de la malheureuse contrée. Une femme qui ne

savait ni lire ni écrire, qui rêvait en marchant et ne connaissait pas plus les hommes que les choses, une femme d'une intelligence très-médiocre, mais dont toutes les pensées s'étaient concentrées sur un seul point : « l'*amour de la patrie*, » partit de son village, imprima un incroyable enthousiasme plus par son assurance que par son habile commandement, alla droit aux Anglais, les épouvanta, les traqua, les défit ; puis fut misérablement brûlée vive alors que son patriotisme exalté devenait inutile. Cette histoire m'a remis en mémoire les aventures de la célèbre Touan-houng-yu, de l'empire d'Annam, et la singulière vie de la Chinoise Mou-lân. Ces trois remarquables existences, d'un bel exemple pour tous, prouvent une fois de plus que la femme sait racheter ses défauts par un grand cœur et par un dévouement immense.

« L'œuvre commencée par une femme d'âme expansive fut, pour ainsi dire, continuée par un homme qui excellait dans l'art de dissimuler. Le malin souverain, n'ayant plus à redouter l'ennemi du dehors, comprenait qu'un plus terrible encore était au dedans. Il abattit les seigneurs comme un bûcheron les grands arbres. La France, affranchie, rendue à elle-même n'avait plus ensuite qu'à prospérer.

« La lutte entre l'Angleterre et la France était assoupie. — l'Italie devint la pierre de touche des convoitises. Un roi eut la malencontreuse idée de mettre le pied dans cette maudite botte. Il supposait qu'elle s'adaptait fort bien à sa jambe, mais il s'y blessa cruellement. Son successeur crut de son honneur de chercher aussi à s'en servir, il s'y meurtrit le talon et s'y pinça les doigts. N'importe, le brodequin parut si heureusement verni et si élégant que, depuis, plusieurs grands hommes ont voulu l'essayer. Était-il trop étroit ou trop large, je l'ignore. Je sais pourtant qu'ils ne l'ont jamais porté longtemps. Il n'est pas encore usé.

« Un beau jour, une centaine de Français à l'esprit chercheur et inquiet se disent : « Notre religion était jadis bonne, mais elle se fait vieillotte, épurons, protestons. Proclamons la déchéance de la foi que professent nos frères. Il en résultera deux choses : nous serons persécutés, ce qui nous rendra célèbres; hommes illustres, nous deviendrons puissants. Plus de couvent, de confession et de messe; prêtres, mariez-vous; plus de papes, de robes rouges, de frocs et de priviléges! » Voilà comment il se fit qu'une secte rivale s'éleva à côté du culte catholique. Un roi de France et surtout une reine en furent profondément affligés. « Ce n'est pas, se répétaient-ils à voix basse, que nous nous souciions beaucoup de la religion de nos pères; seulement, qui n'est pas avec nous est contre nous. Un dogme nouveau peut amener un régime nouveau. Ces dissidents sont autant d'ennemis, de perturbateurs politiques qui n'aspirent qu'à nous renverser; soyons bons catholiques, massacrons-les tous. »

« Prodigieuse erreur ! Chaque goutte sang qui tombe enfante un adversaire déclaré.

.   .   .   .

« La monarchie avait les mains et le visage teints de sang; elle se les lave, mais il n'en reste pas moins une trace indélébile autour de ses ongles; sa robe était tachée de boue et frangée de loques, elle la relève fièrement sur ses hanches, revêt un habit de pourpre et d'or. La brave dame traînait souliers éculés et rapiécés, elle les jette au vent et chausse de brillants cothurnes. La voilà toute pimpante, rayonnant de loin, mais sentant la peste de près. Poëtes, écrivains, artistes, philosophes, guerriers, marins, ambassadeurs, princes, ne jugeant qu'avec les yeux, proclament divinité la femme caduque en belle humeur de jeunesse : « Sonnez, trompettes et clairons ! » Rien n'était beau comme ce temps-là ! La folie rendait tout le monde heureux.

« Tu le sais pourtant, Tsoutsima, la fortune peut être comparée à ces chapelets de kobangs retenus par un fil. L'orgueilleux qui se plaît à les faire jouer trop souvent entre ses doigts use le lien qui, venant à se briser, laisse fuir les pièces de monnaie. Ce qui tomba dans l'abîme en France, ce fut la monarchie. Maître

bourreau, qui avait si souvent obéi à ses ordres, se mit
à rire en la voyant en pleine détresse. Ce philosophe
du couteau se dit : « Tant mieux ! à chacun son tour ! Je
vais émonder la tête pour que la séve se répande dans
le bas. Il y aura désormais moins de longues tiges, mais
en somme plus de feuillage au soleil. L'arbre poussait
trop en hauteur. Taillons, coupons, hachons ! Tous ces
nobles y passeront. » Ils y passèrent en effet en grand
nombre ; cependant beaucoup d'entre eux ressemblent
à l'argonaute qui fuit au fond de l'eau à l'approche de
l'orage. Ils se sauvèrent, mais revinrent ensuite. C'est
à cette période de l'histoire qu'un jeune homme au
teint blême, aux joues creuses, aux cheveux longs, —
esprit vif, emporté, despotique, — imagination ardente et pourtant raisonnée, — cœur sec, volonté
puissante, se fit un marche-pied des vertus républi-
caines et un trône de l'orgueil patriotique. Génie immense, ambition immense, gloire immense, défaite
immense, telle est sa vie. Prodigieux fut ce fils de la
fortune ! S'il eût vécu cinquante années souverain, et
si la trahison n'avait pas semé sa route de périls, il se
fût emparé du monde entier.

« Le héros renversé, petites gens blasonnées, marquis écussonnés, accoururent, boitant et essoufflés :
les uns maigres et affamés, les autres cacochymes et
idiots. La France se fit écrevisse : elle rétrograda. Les
nouveaux venus voulurent décréter le renversement

des institutions de celui qu'ils appelaient l'usurpateur, comme si le trône n'appartenait pas plutôt à l'homme assez habile pour le conquérir qu'aux nullités qui l'usurpent par droit d'héritage. Le peuple, humilié, haussait les épaules, gémissait et regrettait l'époque où, à la place d'un drapeau pâle, son aigle planait audacieusement au-dessus de l'Europe. Il avait par instant pitié de son inertie et mordait son frein. Un jour il s'aperçut que, pour mettre à ses pieds ceux qui pesaient sur son échine, il n'avait qu'à remuer un peu. Il s'agita. Les maîtres tombèrent et disparurent. Mais, une fois qu'on a perdu sa liberté, dès qu'on la recouvre, on ne sait plus en jouir. C'est là une vérité qui n'est pas plus européenne qu'asiatique: elle est universelle. Il arrive trop souvent qu'une nation manquant de guide ressemble au pavillon flottant sans pilote sur les ondes, qui va et vient au gré des flots inconstants et pourrit dans son agitation sans fin. Au navire, à l'Etat, il faut une main ferme qui puisse en diriger le gouvernail. Ce que je te dis là est une platitude; mais il est des lieux communs qu'on ne répète jamais assez.

« Or donc, quand un gouvernement n'impose pas de trop rudes obligations à un peuple, le peuple serait fou d'en changer.

« En présence seulement d'un tyran stupide, l'insurrection est un saint devoir, car alors il y a tout lieu d'espérer une situation meilleure. Les nations n'ont pas assez médité cet axiome d'un Chinois : « Une révolution est toujours un poison. » Si ceux qui le prennent n'en meurent pas, ils en sont à coup sûr fort malades !

« Ne nous plaignons pas d'un souverain, s'il sait être fort avec discernement et s'il maintient haut le nom de son pays dans l'estime universelle. Les amours-propres froissés, les rancunes privées doivent se taire devant l'honneur national.

« Sur cette pensée, que je te prie de méditer, je te salue en me déchaussant le pied droit et en te présentant respectueusement ma babouche, qu'un regard abaissé sur elle rendrait à jamais plus précieuse que la vie.

« KOUEN-FOU »

X

LES MUSÉES DE PARIS

Cette correspondance terminée, j'eus hâte de m'i-
nitier de plus en plus aux mystères de la vie parisienne.

Dès les premiers jours de mon installation, Francœur m'avait montré les principaux monuments et les
grands édifices. Mes yeux émerveillés s'étaient portés
sur un vaste palais que les souverains habitent et qui
a été, dit-on, témoin des événements les plus divers
et les plus tragiques. On m'en a raconté un nombre
considérable : mais ma mémoire ne les a que faible-
ment retenus. Je me souviens seulement qu'il y a dans
cette histoire beaucoup de sang versé, beaucoup de
trahison et d'infamie.

Tout près du palais, sont logés, dans un ensemble
spacieux de bâtiments, des soldats, des artisans, des
domestiques et de petits employés. Ce palais ressemble au daïri du mikado.

Un édifice carré joint à ce bâtiment renferme des curiosités qui ont un prix inestimable. Nous parcourûmes des salles pleines de statues. Je fus, je l'avoue, de prime abord un peu révolté du goût du public: en effet, toutes les fois que des personnages d'une nudité — je dirai presque téméraire — s'offraient aux regards des visiteurs et des visiteuses, — loin d'être courroucés, ils manquaient rarement de s'écrier que c'était admirable, que rien au monde ne pouvait être plus beau!... Je remarquai également avec beaucoup de surprise que les hauts dignitaires de l'époque contemporaine se plaisent à se faire représenter avec des vêtements fort légers qui laissent l'épaule, les bras, la poitrine et jusqu'aux jambes à peu près nus! J'étais presque scandalisé! « Comment se fait-il, me disais-je, que des hommes, que des femmes qui n'oseraient pas se montrer pendant deux minutes dans un pareil costume, consentent à passer à la postérité avec un accoutrement si peu conforme aux règles les plus simples de la décence et du bon goût ? »

Je réfléchissais à la bizarrerie des Européens, lorsque je me trouvai tout d'un coup dans une salle spacieuse dont les murs étaient couverts d'immenses toiles. Je ne comprends que médiocrement les arts, je juge avec mon cœur et non avec mon esprit; — mais pourtant toutes les fois qu'un édifice, qu'un tableau, qu'une statue m'impressionne, toutes les fois que je sens battre

mon cœur, je suis convaincu que je ne me trompe pas
et qu'en face de moi est une œuvre de génie.

Eh bien! il faut le dire à votre honte, chers concitoyens, toutes vos peintures m'ont laissé froid, tandis
qu'à côté de ces beaux tableaux français, j'ai tressailli,
j'ai presque pleuré : — c'est bien là le grand art! Ces
toiles vous transportent, avec un caractère de vérité incroyable, tantôt au milieu des scènes les plus drama-
tiques, — tantôt au sein des paysages les plus en-
chanteurs! Ah! dénigrez quelques prétentions des
Occidentaux, mais inclinez-vous bien bas devant leur
supériorité artistique.

Plus loin, après avoir franchi des galeries où je
m'exaltai comme un jeune homme, — je fus frappé
par l'affluence de peuple qui se pressait autour de
vieilles cuirasses, d'antiques habits et de débris d'un
autre âge.

— Qu'est-ce à dire, Francœur ? m'écriai-je.

— Vous êtes entouré des souvenirs des potentats
français : — anges et démons, niais et hommes d'esprit, tous ont ici leurs reliques. Tenez, continua-t-il,
regardez ce livre de prières, il fut trouvé dans la
chambre d'une reine très-célèbre.

— Bien vertueuse devait être cette princesse ! répondis-je, pour qu'on ait gardé jusqu'à ses moindres
souvenirs.

— Tombé droit à côté! répliqua Francœur : la reine

dont il s'agit était cruellement méchante; elle se plaisait à tyranniser son peuple et à martyriser sa famille.

— Mais alors, au nom du ciel! m'écriai-je, que remarquez-vous de si captivant dans ce livre ? J'aimerais mille fois mieux voir le chapelet d'une bonne femme ignorée, mais qui aurait été grande par le cœur. L'oubli l'ayant accompagnée dans la vie, l'histoire aurait au moins songé à elle. A l'aspect de cette relique d'une sainte personne, mon âme impressionnée s'élèverait vers Dieu, et j'en concevrais un immense respect pour ceux qui auraient accordé de la gloire à la vertu; mais parce que le hasard de la naissance a fait reine cette méchante femme, il faut que la postérité, subissant encore le stupide prestige de cette puissance morte, examine comme curiosité ce qui fut sa propriété! Non, non : ceci est encore un triomphe du génie du mal. Ces fausses reliques m'exaspèrent. Présentez-moi la palette d'un grand peintre, la plume d'un écrivain illustre, le ciseau d'un sculpteur éminent, l'épée d'un guerrier intrépide, et je vous remercierai. Vous m'aurez fait aimer l'humanité, fière et reconnaissante de ses hommes de génie. Je me soucie peu de beaucoup de ces objets, qui ne me rappellent rien, si ce n'est l'injustice se perpétuant après la mort. Pourquoi la plupart de ces hommes dont vous me montrez les vêtements et les richesses ont-ils été fameux? Je ne l'ignore pas : c'est parce que quelques prétendues

gouttes de sang très-noble coulaient dans leurs veines.
Sans cela presque tous auraient couru grand risque
d'être aussi peu connus que les paysans de vos campagnes. La mort devait les niveler. Ce musée détruit l'é-
quilibre ; cette collection consacre les faveurs du hasard. Or donc, ce que je voudrais, c'est un musée des
grands cœurs. La pauvreté y coudoierait l'opulence. A
côté des haillons du pauvre mort en faisant le bien,
on distinguerait le sceptre du souverain qui aurait été
le père ou le dieu de son peuple. Que de sublimes leçons ensseignés alors par ce musée ! L'égalité, ce rêve
éternel des belles âmes, aurait au moins son domicile
dans ce palais des souvenirs ! J'y vois déjà, au premier rang, le large glaive et la couronne de ce monarque qui, chez vous, a jeté les bases de la justice, et,
bien qu'ignorant, a compris l'avantage de la science.
J'y vois l'armure de cette courageuse jeune femme qui
a sauvé la France. J'y vois les souvenirs de cet immense génie qui, il y a soixante ans, plaçait votre nation au premier rang des peuples civilisés.

Ce chapeau usé, percé de balles, qui couvrait sa
tête ; cette redingote si simple qui enveloppait ses
épaules, parlent à mon esprit et l'enthousiasment ; car
cet homme qui les portait n'était rien et a été tout.
Enfant du peuple, il s'est élevé, ouvrant devant lui la
voie large à tous ceux qui ont du cœur. Voilà ce qui
m'impressionne.

Francœur me conduisit ensuite dans les salles hautes, je veux dire dans des étages élevés, où s'alignaient, comme au sein d'un port de mer, des jonques, des navires et des pirogues. J'y reconnus nos bâtiments, à deux bossoirs et à bec d'aigle, de l'ère des Mings. Quant aux embarcations de l'époque contemporaine, je n'en aperçus pas une seule. Cette partie du musée n'en est pas moins fort saisissante. Comme elle renferme des plans très-détaillés de places fortes, accusant ici un point accessible, là révélant des murailles mal défendues, plus loin montrant des batteries cachées derrière des buttes de terre, je pense que les puissances étrangères ne doivent pas se faire faute de profiter de ces renseignements précieux. Lorsqu'elles projettent quelque descente en France, elles envoient sans doute des ingénieurs prendre connaissance de ces admirables plans, afin qu'ils méditent à loisir la destruction de tel fort ou le bombardement de tel autre.

Vous êtes libres, lecteurs, de juger imprudente une pareille confiance. Pour moi, je vois là une preuve de plus de la grandeur d'âme des Français. Ils semblent dire: « Nous n'avons que faire de la ruse ; nos véritables remparts ne sont pas ces murailles de pierre ; ils résident dans notre courage, plus inébranlable que la roche. » Je sais bien ce que répondrait à cela compère Koulou-Koulou, qui saisit le côté faible de tous les arguments : « Superbe! s'écrierait-il, mais absurde ; les nations doivent se redouter entre elles comme la peste. Un peuple voisin d'un autre n'est toujours qu'un voleur en expectative, qui n'attend qu'un bon moment pour pénétrer dans votre maison. Iriez-vous bénévolement tenir ce discours à un brigand qui méditerait de vous dévaliser : « Monseigneur, voici les secrets de ma serrure ; voici le couloir que vous aurez à suivre pour arriver à ma chambre ; là, vous rencontrerez un verrou, vous le ferez sauter ; puis, pour m'assassiner sûrement, vous appuierez votre poignard quelques lignes au-dessous du menton. »

Mais Koulou-Koulou est un esprit très-malveillant. Nous nous gardons bien de l'interroger.

Après la marine, vient l'ethnographie. Plusieurs salles sont consacrées à rappeler aux visiteurs que le peuple français n'est pas le seul qui s'occupe d'industrie et d'art. Le musée qui suit la collection de vaisseaux est donc destiné à présenter des témoignages du génie de chaque nation. Certes j'applaudis à cette belle idée. La comparaison est une des bases du progrès. La civilisation s'étiole lorsqu'elle ne grandit pas au contact de la lumière de tous les peuples.

Mais que ce musée serait profitable, s'il répondait à l'idéal que l'on se plaît à former ! En raccourci, il représenterait la Terre ; qui s'y promènerait, voyagerait à travers le globe. Je l'intitule le Palais des Mondes. A l'entrée, figurent des cartes, des plans, des paysages

transportant immédiatement dans des régions lointaines. A l'Asie sont consacrées les premières salles,
car l'homme a dû naître sur les hautes montagnes qui
couvrent le Tibet. L'ordre de l'histoire, c'est la chro-
nologie. Je veux que mon musée m'arrête à chaque
étape de l'âge des nations. Ici des souvenirs des époques les plus anciennes, plus loin des témoignages
d'ères plus modernes, et j'arrive ainsi en l'année de
grâce où nous·sommes. J'assiste progressivement à la
transformation de l'homme, je lis à livre ouvert dans
l'histoire de sa vie depuis sa création jusqu'à ce jour.
Cette collection me fait réfléchir et me porte poétique-
ment dans le passé. En la visitant, le peuple se souvient de ses aïeux, et, s'il lui plaît de comparer l'industrie des Chinois, des Russes ou des Français à la
sienne, il le peut; des métiers, des fabriques en miniature sont disposés sous ses yeux. Soyez sûrs qu'il
les étudiera, car il s'intéresse à tout ce qui est utile. Il
sait ou doit savoir que, pour progresser, il faut qu'une
nation s'assimile les découvertes des nations ses
sœurs.

XI

LES BIBLIOTHÈQUES. — LES SAVANTS

— Mon cher Francœur, dis-je à mon guide, tout cela est admirable, mais ne pénètre pas assez de connaissances morales ; toutes les galeries que nous avons parcourues inspirent plus l'intérêt qu'elles n'élèvent l'âme. Un musée est comme un temple, il faut y saisir le caractère divin. Laissons là, du reste, ces subtilités : mène-moi dans le sanctuaire où butinent les lettrés et les docteurs. Montre-moi les enfants de la pensée courbés sur les vieux livres et sur les parchemins, remuant des idées dans leur cerveau tumultueux et méditant l'amélioration de l'homme.

— A votre fantaisie, balbutia Francœur, entrons dans une bibliothèque.

Et mon guide me fit gravir un large escalier qui me conduisit dans une salle immense où quelques centaines de crânes dénudés se tenaient penchés autour de longues tables.

— Ce sont là, dis-je, ces grands hommes qui rendent si célèbre votre littérature ?

— Non pas ! repartit vivement Francœur ; il en est peut-être un ou deux parmi ces infatigables travailleurs qui contribuent à jeter quelque éclat sur notre littérature, mais soyez persuadé que le reste ne lui ajoute pas le plus faible grain d'illustration.

— Ces laboureurs de l'intelligence ne sont donc que des novices et des ignorants ?

— Non, certes ! Ils sont pour la plupart très-savants : c'est précisément pour cela qu'ils sont complétement inconnus. En France, les littérateurs ressemblent aux chevaux ; ils vont d'autant plus loin que leur bagage est léger.

— Incroyable ! incroyable ! m'écriai-je.

— Ceci est pourtant bien simple, reprit Francœur : pour devenir érudit et lettré, il faut consacrer à l'étude veille et jour. Retourner les in-folio, comparer la philosophie d'autrefois à celle d'aujourd'hui, approfondir le génie des anciens et des modernes, saisir la filiation de toutes choses, en un mot inscrire sur son drapeau, en première ligne, le nom du travail : telle est l'existence de ceux qui veulent avoir une intelligence forte.

Or, qui, pendant des années entières, s'est livré à ce rude labeur, a forcément abandonné le monde, a vécu loin de la société. Le silence cloître. Qui délaisse le

contact des hommes n'acquiert aucune notoriété : c'est
là une vérité accablante. Vous voyez d'ici la conclusion :
ces braves gens qui consument leur vie dans le travail,
composent peut-être de merveilleux ouvrages, mais ils
ne seront lus par personne. Ce sont des damnés, — des
réprouvés, des martyrs. Les éditeurs les mettent au
pilori lorsqu'ils consentent à s'occuper d'eux. Donc
leur savoir les écrase. Il vaudrait mille fois mieux pour
eux n'avoir que des connaissances très-superficielles ;
ils auraient compris davantage la perversité du monde ;
ils l'auraient peut-être exploitée et seraient alors arrivés à la renommée. Nos littérateurs célèbres ne sont
pas dans cette salle ; ils n'y ont que faire. Deux mots
résument ma pensée : on gagne ici de la science, mais
on n'y atteint pas la réputation.

.   .   .   .

La littérature en France ressemble à vos immenses
fabriques de porcelaine : les ouvriers que l'on paye le
plus ne sont pas ceux qui font le plus difficile labeur.

Vous le savez comme moi, l'artisan dont les doigts
délicats et sveltes parviennent à tourner de légères potiches reçoit une rémunération plus généreuse que
celui qui, obéissant à son ardeur scientifique, se met
en quête de nouveaux procédés chimiques. Celui-là a
la main habile, il livre un travail qui a cours et qui se
vend cher ; celui-ci a l'esprit profond, il cherche, il

analyse, il invente, mais les semaines se passent sans que la fabrique profite du fruit de ses découvertes. Tout est lent qui est bien. En attendant le succès, il se fait vieux, il se ride, il se casse, il pâlit sur ses cornues et sur ses bocaux. L'argent qu'il reçoit l'aide à peine à vivre. Poussé par le besoin, il vend à vil prix les procédés qu'il invente; plus souvent ils lui sont dérobés par un apprenti sans valeur. Ainsi vont les choses humaines. Combien de fois arrive-t-il encore que le chef de la manufacture, gros homme bouffi d'orgueil qui tient entre ses mains capitaux et autorité, se pare du savoir de son chimiste et de l'adresse de quelques-uns de ses ouvriers! A lui les honneurs, — à lui les bénéfices, — à lui l'avenir! Doublé du talent de ses deux subordonnés, il marche à pas assurés, s'éventant tout le jour, et proclamé partout homme de génie. Il peut être, si bon lui semble, mandarin de première classe et le plus haut dignitaire de l'empire.

— Françœur, mon ami Françœur, tu me parais quelque peu sévère...

— Je ne suis que juste, répliqua-t-il en riant; mais tout cela au fond m'est bien indifférent. Je ne m'alarme de rien. Vive Dieu! Dupes et dupeurs, — exploités et exploiteurs fourmillent sur cette terre; c'est la loi. Tous les êtres se dévorent entre eux; — qui l'ignore? Depuis le ciron jusqu'à l'homme, on se déchire, on se

6.

tue, on s'extermine, on se mange. Qu'y faire? Le plus court est d'en rire et de n'y pas songer.

— N'y songeons donc plus, m'écriai-je, parlons d'autres choses. Donne-moi des éclaircissements sur les hommes étranges qui nous entourent. J'en distingue plusieurs qui me remettent en mémoire certains individus incarcérés dans le fameux fort de Myako pour un motif de sûreté générale. Ils roulent des yeux à effrayer même des Mandchoux! Par Confucius! si tu ne m'assurais que ces gens-là sont des sages, je serais tenté de croire que...

— Ce sont des fous! répliqua Francœur.

— Tu l'as dit.

Mon guide m'appela, ce me semble, *bouffon docteur*. Je ne saisis pas le sens positif de cette expression, mais je soupçonnai que Francœur rendait ainsi hommage à ma perspicacité, car il continua sur un ton sérieux :

— Vous voulez savoir quelles sortes d'esprit gravitent dans cette enceinte. Hélas! c'est une volière qui renferme des oiseaux de toutes les couleurs. Il y a le lecteur sérieux, le lecteur monomane, le lecteur indifférent, le lecteur insensé, le lecteur imbécile.

Le lecteur sérieux est généralement jeune; il entasse matériaux sur matériaux; il prépare des monuments qui, suivant lui, seront plus solides que la muraille de la Chine. Il aspire à tous les honneurs, principalement à l'Institut, compagnie extrêmement illustre ; il publie parfois de remarquables travaux, des élucubrations précieuses, qui, la plupart du temps, sont autant de trésors jetés à la mer ! Heureuses, mais rares sont les épaves !

Le lecteur monomane pullule : ce n'est trop souvent que l'homme sérieux d'autrefois qu'un naufrage a mis en détresse. Battu par la tempête, le pauvre diable a distingué à la surface des eaux la pointe d'un rocher ; il s'y attache, il s'y cramponne, il s'y déchire la poitrine, mais l'enlace pourtant avec amour. Il pense trouver son salut sur ce roc solitaire. L'infortuné ! il ne fait qu'épuiser ses forces en luttes stériles et il meurt en espérant encore.

Le lecteur indifférent prend un livre pour passer le temps et non pour mûrir son intelligence. Son esprit est une encyclopédie dépareillée. Des pages, des tomes entiers manquent à l'appel. Il n'aspire à rien qu'à se distraire.

Le lecteur insensé conçoit des projets qu'il brûle de réaliser à l'instant. Sa tête exaltée entrevoit un avenir immense dans une idée qui lui est apparue comme un éclair. Il déterre de vieux ouvrages et s'en croit parfois l'auteur. Il les fouille, il les scrute avec passion ; il s'en nourrit avec frénésie ; pendant plusieurs jours il jouit d'un bonheur parfait. Il se suppose grand homme. Il cause avec les écrivains dont il lit les œuvres; il les tutoie, il les discute, il les attaque, il les admire tour à tour. Puis tout d'un coup ce feu s'éteint. D'autres pensées germent dans son esprit. Hier la philosophie l'incendiait, demain ce sera la mécanique.

Le lecteur imbécile ne connaît qu'un ouvrage, et encore le comprend-il mal. Il le relit sans cesse depuis la première page jusqu'à la dernière; dès qu'il a fini, il recommence. C'est le Sisyphe des lettres. Il dort cinq à six fois par séance; il se chauffe en hiver et se rafraîchit en été. Pour lui, la bibliothèque n'est pas un sanctuaire scientifique, c'est tout simplement un local. Il y vit, il y mange, il y dort comme chez lui. C'est sa maison de retraite et rien de plus.

— Assez, assez! m'écriai-je, partons au plus vite; conduis-moi dans les assemblées d'hommes supérieurs. Je brûle d'y contempler les lettrés qui sont la tête de la France.

— Volontiers! à votre fantaisie, cher docteur, reprit Francœur; — à votre bon plaisir.

Je surpris alors un léger pli ironique sur les lèvres de mon guide.

Nous marchions vite et nous ne tardâmes pas à pénétrer dans un palais d'hommes de lettres. C'était un bâtiment dont l'élégance est très-contestable; comparé aux constructions spacieuses qui renferment les curiosités dont j'ai parlé plus haut, ce palais est d'une simplicité extrême. Comment juger la cause de cette

différence? Ne sont-ce pas les hommes qui créent les
curiosités? Les œuvres vaudraient-elles mieux que les
hommes? Je m'y perds. Au Japon, l'on accorderait aux
créateurs une place plus honorable qu'aux créations.
En France, apparemment, on n'apprécie pas les choses
ainsi.

J'avais hâte de contempler ces intelligences d'élite
qui sont, pour ainsi dire, la fleur de la France. Il me
semblait que je foulais le sol d'un temple où le génie
divinisé avait ses disciples. Je fis involontairement
plusieurs saluts respectueux en passant devant les
portes de cette demeure : « Ici, me disais-je, dans cette
salle, vivent ou ont vécu des hommes célèbres! » Je
respirais avec bonheur, un air vivifiant pénétrait mes
poumons. L'influence du milieu a toujours eu sur moi
une action puissante. Des réflexions vives, des traits
heureux, une foule de pensées philosophiques affluaient
dans mon esprit et s'y suivaient comme les anneaux
d'une chaîne. Je me sentais une imagination plus vive,
une parole plus éloquente, une âme plus accessible
aux sentiments généreux! Il n'était pas jusqu'aux
dalles usées sur lesquelles s'appuyaient mes pieds qui
ne me rappelassent qu'avant moi des hommes illustres avaient marché là.

Je m'ouvris à mon guide sur mes impressions. Pour
toute réponse il sourit, et me pria d'entrer dans une
enceinte où j'aperçus une trentaine d'hommes chauves

assis sur des bancs. Leur aspect ne révélait rien. Plusieurs sommeillaient ; d'autres causaient paisiblement. Un d'entre eux parlait un peu plus fort que ses voisins.

« Messieurs, disait-il, notre assemblée est non-seulement le sanctuaire de l'esprit, mais celui du style classique dans son expression la plus pure. Si nous déviions une seule heure de cette ligne droite, la littérature française, dont nous sommes les chefs, s'écroule ; nous retombons dans une anarchie complète d'idées. — Il n'y a de grand que ce qui est mort. »

L'orateur but alors un verre d'eau, s'essuya le front et reprit :

« Est-ce à dire, très-illustres confrères, que les œuvres dues à votre génie soient destinées à disparaître ? Non pas ! Vous êtes d'éminents esprits parce que vous vous rapprochez de l'antiquité ; votre style, vos pensées sont toujours appréciés, parce que vous les avez pour ainsi dire sculptés sur une grande époque.

« Le progrès en littérature, c'est moins d'innover que de se rattacher à un siècle reconnu fort. On s'épuise en marchant, on se fortifie par le repos ! Eh bien ! Messieurs, élevons autour de nous un triple rempart ; que les tendances dissolvantes du siècle ne puissent parvenir jusqu'à nous, et, si elles se préparent à faire l'assaut de notre asile, livrons-leur un impitoyable combat !

« A l'abri de nos saintes murailles, — loin du courant

tumultueux, nous adorerons la statue de la Littérature, dont les ailes blanches planent au-dessus de
nous ! »

Des bravos à peu près unanimes couvrirent ces
paroles.

— Franchement, dis-je à mon guide, que font ici
ces gens-là? Viennent-ils pour entendre de pareilles
billevesées? Au Japon, les assemblées de notables
comme celle-ci s'occupent moins du passé que de
l'avenir, ou, si elles s'occupent du passé, c'est en vue
de l'avenir. Lorsqu'on étudie l'histoire, ce n'est pas
dans l'unique but de s'agenouiller devant une époque
défunte et de s'écrier : « Vous étiez admirable, on ne
saurait être beau si l'on ne vous ressemble ! » Temps
écoulés, hommes privés de vie ne sont et ne seront
toujours que des cadavres ! Les années marchent, les
idées marchent ! Il nous faut avancer, si nous ne voulons pas vieillir. Voilà, mon ami, ce que l'on croit au
Japon.

Pour toute réponse, ce rusé de Francœur se mit à
sourire avec une malignité extrême. Depuis une heure
je n'obtenais guère de lui que ces répliques peu con-
cluantes.

— Allons, lui dis-je, trêve de raillerie, conduis-moi
dans une autre enceinte. L'ennui commence à m'as-
saillir, Ce long panégyrique sur l'excellence de la
poussière me fait bâiller, comme la populace de Si-

moda aux exhortations du bonze Fou-rou-da; partons!

— Où?

— Dehors!

— Non pas, docteur, non pas! Il faut aller jusqu'au bout.

Deux portes s'ouvrent et se referment; nous suivons un long couloir, nous descendons quatre marches, nous en remontons deux. On nous introduit dans une petite salle à peine éclairée; nous nous y reposons; un appariteur nous prie d'attendre pendant cinq minutes au plus; — un quart d'heure s'écoule; — nous voyons entrer un vieillard qui, tout en s'excusant courtoisement sur le temps que nous perdons, nous supplie, avant notre introduction, de vouloir bien nous réchauffer dans un salon voisin; il nous faut de nouveau descendre; nous franchissons un corridor dont les murs transpirent comme par un temps de dégel, et nous nous trouvons tout à coup dans une chambre obscure où l'on n'aperçoit qu'une humble lueur qui brille dans la cheminée, semblable à un ver luisant dans le feuillage; Francœur et moi nous grelottions.

— Où suis-je, m'écriai-je, par Bouddha! où suis-je? Mon compagnon se mit à ricaner et à souffler dans ses doigts.

— Par Confucius! où suis-je? Où suis-je? Le froid me pénètre. Si je reste ici plus longtemps, je me meurs.

— Vous êtes, docteur, dans l'antichambre, dans les coulisses de catacombes et d'hypogées. Il y a des squelettes attachés au plafond, des os de mort pavent le sol où vous marchez, et des momies sont entassées dans les encoignures. L'air que vous respirez, c'est de l'air antique, de l'air des siècles d'autrefois. Chaque jour on dégonfle ici des outres plus rebondies que celles d'Éole; des soufflets pompent ensuite les effluves de cette atmosphère et les dégorgent sur quelques milliers d'individus.

— De l'air respirable! de l'air, m'écriai-je! J'étouffe, je veux revoir la lumière et l'azur du ciel! De l'air et du soleil! A moi, Francœur!

— Tout n'est pas fini, reprit mon guide. La porte par laquelle on entre n'est pas celle par laquelle on sort. Vous craignez d'étouffer. Enfantillage! D'autres moins solides que vous ont résisté à ces épreuves.

. . . .

Enfin, nous entendîmes plusieurs verrous qui grinçaient dans leurs ferrures rouillées; une porte s'ouvrit à deux battants.

Un grand homme très-maigre, aux joues creuses, au crâne dénudé et à la lèvre pendante, nous dit que, par une insigne faveur, et grâce à ses pressantes sollicitations, on nous permettrait de prendre place dans l'enceinte. Il nous poussa dans une vaste pièce où cinquante individus étaient appuyés sur leurs cannes comme les bons invalides d'Osaka devant leur hôpital.

Que faisaient-ils ? Je l'ignore. Ils se disputaient beaucoup ; — voilà ce que je sais.

Un vieillard lisait un volumineux mémoire que personne n'écoutait, mais auquel on applaudissait régulièrement toutes les dix minutes.

La lecture continuait toujours ; les feuillets succédaient aux feuillets, comme les jours pluvieux en hiver.

— Vous écoutez ? me glissa Francœur à voix basse.

— Oui, mais je ne comprends absolument rien.

—Ni moi non plus ; c'est pourtant très-fort.

— Comment le sais-tu ?

— C'est précisément parce que je ne comprends pas un seul mot. Voyez, ils applaudissent.

— Mais, mon bon Francœur, il n'en est pas un seul qui soit attentif ; ils battent des mains par convention.

— N'importe ! c'est excessivement fort. Le savant qui fait cette lecture est un homme de génie.

— Par Bouddha ! tu me confonds !

— Je maintiens mon opinion, c'est un homme de génie ; sa réputation est colossale. Il connaît le passé comme s'il était enterré depuis mille ans.

— Travaille-t-il en vue du perfectionnement humain ?

— Ma foi, chère Excellence, reprit Francœur, vous m'embarrassez singulièrement. Les hommes que vous distinguez ici s'occupent d'abord de l'amélioration de leur position ; ils exploitent le passé comme d'autres une branche d'industrie, une mine de houille ou de fer.

— Mon cher, répliquai-je, voilà deux heures que tu me mènes de déception en déception ; je ne vois ici que des ambitieux, des envieux ou des médiocrités triomphantes.

— Détrompez-vous, repartit Francœur. Il y a, parmi ces hommes qui nous entourent, des esprits de la plus haute distinction, des esprits délicats, à qui une raillerie piquante et un fin sourire ne sont pas étrangers.

— Je le crois ! N'importe ! m'écriai-je, mes tempes se serrent ; ma poitrine s'oppresse. Une pareille atmosphère me tue. Si tu restes ici, je m'en vais. Bonsoir.

Et ce disant, je poussai la porte avec violence, et me trouvai subitement dans la rue.

XII

UNE TROUPE D'HOMMES MAIGRES

— Docteur, me dit Francœur à voix basse, regardez cette cohorte d'hommes noirs qui se promènent mélancoliquement autour du palais.

— Par Confucius! qu'ils sont maigres!

— Oui, bien maigres, bien pauvres, bien misérables; ce sont, pourtant, des hommes très-savants et les nourrices de plusieurs de ces personnages que vous venez de voir.

— Des hommes nourrices! Tu veux rire ?

— Du tout.

— Si tu ne ris pas, tu es fou !

— Ceci est très-sérieux. Interrogez-les !

Ma curiosité se sentait vivement piquée. A tout hasard, je m'approchai de l'un de ces malheureux et aventurai timidement une phrase de pitié :

— Me plaindrais-tu, vilain Chinois? me répondit-on;

sache que je ne veux pas servir de plastron à la com-
misération publique. Retourne à tes pagodes. Je me
trouve parfaitement satisfait de mon existence.

— Mais, mon ami, repris-je, tu ne m'as pas compris ;
je suis simplement navré qu'un homme distingué
comme toi soit à la porte, tandis qu'il devrait être dedans. Tu dois m'entendre à merveille.

— Pour ceci , oui , c'est une infamie ; la société est
injuste, perfide, méchante, ingrate, niaise, absurde,
inique, folle, ignoble, je te l'accorde. C'est un immense
lupanar et rien de plus ; je joue un rôle infâme , je me
donne, je me vends, je me prostitue. On me prend mon
esprit comme à une nourrice on soutire son lait. Quelques-uns de ces hommes qui sont là m'achètent. Humi-
liation ! Je compose la moitié de leurs mémoires, ils les
lisent. On applaudit à leur génie, qui est le mien, à leur
science, qui est la mienne. Je suis tout, ils ne sont rien ;
et pourtant, dans le monde, ils sont tout et je ne suis
rien. Damnation !

Et mon homme se drapa dans son manteau avec une
incomparable majesté.

— Que penses-tu, fis-je à mon guide, de ce flot de
phrases incohérentes ? Cet individu est-il bien dans la
plénitude de sa raison ?

— Il est, répliqua l'homme maigre qui avait saisi au
vol mes paroles, il est dans la plénitude de sa colère,
car le mémoire que l'on accueille en cet instant par

des bravos a été composé par lui ; tu vois le bel honneur qu'il en retire ; mais il faut vivre, et le pain ne se donne pas,

Et là-dessus il s'en alla frappant la terre du pied et chantant avec fureur quelque couplet populaire.

Cent pas plus loin, j'aperçois un pauvre diable d'une cinquantaine d'années dont la barbe semée de poils blancs flottait comme la crinière d'un cheval ; ses yeux brillaient d'un singulier éclat sous une épaisse haie de sourcils grisâtres ; son front plissé de trois grosses rides et bossué vers les tempes révélait de prime abord une intelligence remarquable ; sa physionomie caractéristique vous saisissait pour ainsi dire au passage comme une main invisible ; il fallait le regarder : une sorte de puissance secrète vous y obligeait ; — on comprenait que c'était là une ruine, mais une ruine d'un édifice et non d'une demeure vulgaire.

Le malheureux portait un chapeau défoncé, une redingote jaune constellée de trous et des bottes à peu près sans semelles ; il marchait ainsi, la tête penchée en avant comme un arbre à moitié brisé par le gros temps ; sa main, longue et osseuse, se crispait autour d'un tableau d'assez grande dimension qu'il avait glissé sous son bras ; il avançait ainsi péniblement, piteusement.

— Qu'est-ce ? demandai-je à Francœur. Quelque peintre monomane ?

— Nullement ; tout simplement un grand homme

échoué au port et dont la carène tombe en pourriture; le vaisseau est mort faute d'eau.

— Explique-toi d'une façon plus claire.

— Vous allez l'entendre lui-même. Le pauvre homme aime à conter son histoire comme un voyageur les péripéties de ses courses à travers le monde. Holà! maître peintre! Écoute un peu.

— Maître peintre! Tu sais bien que je ne suis que valet. N'importe! Que me veux-tu?

— Nous ne voulons rien, dis-je alors; nous formons simplement un souhait. Tu es un grand artiste; on me l'a appris et je désire m'entretenir quelques instants avec toi.

— A ton bon plaisir, mon brave Chinois. Te serait-il agréable de savoir comment on traite les vocations en Occident?

— Oui.

— Eh bien! mon histoire va t'en donner un fameux échantillon. Asseyons-nous, roule ta cigarette, je bourrerai ma pipe, et la fumée de ton caporal asiatique dansera la sarabande dans l'air avec celle de mon narguilé parisien. En avant donc!

— En avant! repris-je comme un écho.

— Sache donc, mon Chinois, reprit le peintre, que l'art de la cuisine est en France l'art par excellence, et que les autres ne sont que ses très-humbles serviteurs. Les neuf dixièmes de nos compatriotes n'entendent absolument rien à la musique et à la peinture : — il y a trente-sept millions d'hommes en France, et je n'exagère pas en disant que vingt millions d'imbéciles prétendent être fins connaisseurs en matière d'art. Fous ! idiots! Qu'un intrigant leur crie à tue-tête que la toile badigeonnée par un enfant au maillot est un chef-d'œuvre, ils iront ensuite par la ville acclamer la croûte comme une admirable composition! La grosse caisse seule triomphe à notre époque; aussi, je suis esclave et j'obéis. De grandes idées germèrent pourtant dans ma pensée : je me sentais maître, j'adorais mon art, je serais mort pour lui comme un fanatique pour son culte. Mais bah! absurde ou méchant, tel est le monde : passons.

Mon père, dit-on, était palefrenier et ne savait bien que deux choses : sabler le petit bleu et dormir; — entre deux bouteilles, il eut le malheur d'aimer une servante qui mit au monde un misérable bambin, dont on souhaitait la mort, mais qui n'en poussa que mieux.

A l'âge de cinq ans, il jurait comme un cuirassier et crayonnait sur les murs des bonshommes qui mettaient en grande joie la volée de ses camarades. Trois ans après, voilà ce bambin, qui était moi, sur les bancs d'une école, frappant le petit Pierre, taquinant le petit Paul et faisant de maître Cournichet la plus belle caricature qu'il eût jamais eue. Mon précoce talent me valut du pain sec et cent coups de férule; la récidive me fit chasser...

Quel beau temps ce fut alors! Je m'en allais vagabondant, couchant dans un arbre, dénichant les oiseaux et dessinant partout au charbon, à la craie, voire même avec de la boue. Décidément, j'étais un méchant drôle dont on ne pourrait jamais rien tirer.

On me met chez un ferblantier; je fais fondre le plomb et le coule sous la forme de gendarmes. Mes oreilles souffrent souvent de ces essais artistiques, et, comme je persiste à illustrer le matériel de mon patron, je reçois un congé des plus significatifs. — Je pars de nouveau en fredonnant une chanson; — j'attrape au vol le pain que les écoliers lancent par-dessus leurs murs, et m'amuse à tracer sur les promenades des paysages complets, — sans l'autorisation des gardiens. On me jette en prison pour avoir fait le portrait équestre du souverain; j'en sors, muni de la verte admonestation d'un juge, et, pour me distraire, j'esquisse sur le palais de justice une tête phénoménale qui n'était autre que celle de certain homme en robe noire dont l'éloquence m'avait singulièrement déplu. Un garde vient à passer et veut s'emparer de moi; je lui laisse ma blouse et saute dans la Seine comme une grenouille dans une mare.

Je barbote tant et si bien, qu'une heure après je débarque à Auteuil dans une belle propriété; je me ré-

7.

chauffe au soleil, et, tout en ne songeant à rien, je disperse sur une pelouse des grains de sable qui font un bonhomme armé d'un tricorne, de moustaches et de beaux galons : c'était le portrait frappant du féroce municipal qui avait failli m'arrêter.

Tout près de là, — mais de l'autre côté du fleuve, un peintre copiait les bords de l'eau; il m'examine, je le regarde, et, pour le voir de plus près, je me jette encore dans la Seine. Franchir la rivière fut pour moi l'affaire de deux minutes. Me voilà tout près du peintre, écarquillant les yeux devant la toile et retenant jusqu'au souffle pour ne pas troubler l'artiste.

— Aimerais-tu par hasard les beaux-arts ?

— Ma foi ! monsieur, je ne sais pas, mais je voudrais bien rester auprès de vous.

— Reste ! reste ! mon garçon.

La nuit approchait; le peintre se disposait à regagner la ville, je l'aide à ranger les brosses et la palette. Je ferme la boîte, la place sur mon épaule, suppliant de nouveau l'artiste de ne pas me renvoyer.

— Ma foi ! me dit-il, après m'avoir bien regardé entre les deux yeux, mon petit, tu me plais; — je te garde. Tu seras mon unique disciple. Tu feras peut-être un misérable de plus, mais n'importe ! Tu aimeras le ciel, tu souriras au printemps, tu chanteras avec les oiseaux et tu jeûneras comme les loups en hiver. Ta profession libérale te rendra sans doute esclave de

tous, même de ton boulanger. Va toujours en avant !
Si tu es artiste dans l'âme, tu mépriseras les bourgeois,
qui te le rendront bien, et si tu as du cœur et un peu de
génie, tu mourras au grenier avec toutes tes toiles pour
compagnes. — En attendant je te donne cinq francs par
mois, — de la paille pour ton coucher et du tabac à
discrétion.

A partir de ce jour, mes progrès furent rapides. Les
crayons couraient sur le papier aussi vite que les nuages
dans le ciel par un jour de tempête; l'estompe s'émous-
sait en moins d'une semaine et les cartons se remplis-
saient d'études plus ou moins vêtues.

— De ce garçon-là, disait mon maître en me frappant sur l'épaule, je ferai plus qu'un Raphaël; le coquin
a une facilité de tous les diables; — ses croquis ont un
je ne sais quoi qui vous empoigne.

A l'âge de dix-huit ans, je peignais parfaitement.
Ce qui prouvait que je n'étais pas précisément un sot,
c'est que je n'avais pas un seul ami : mon esprit était
brusque et original, mon talent hardi, fantasque ; —
bref, je pouvais surprendre, étonner, mais le plus souvent j'épouvantais et l'on me fuyait, moi et mes œuvres.
Un critique aventura un éloge et fut bafoué par la critique. Je mourais d'impatience, de douleur, d'irritation
et de misère. Après quatre années de déceptions, je me
réveillai chez un peintre en grand renom qui me prit à
gages. Je lui livrai mes inspirations d'abord, mes plati-

tudes ensuite, — car il fallut me rapetisser, m'amoin-
drir pour me mettre à son niveau. De rage, je jetais
parfois mon éponge au milieu de la toile et pleurais
comme un enfant.

Une année, — sentant mon imagination renaître, je
fais passer toute mon âme dans une toile, je la signe et
l'envoie au jury ; j'avais tout lieu de croire qu'accepté
sous le nom d'autrui, je devais être admis d'emblée
moi-même. Mais non ! J'eus pour ennemis non-seulement le maître pour lequel je travaillais, mais tous
les peintres célèbres. D'un bond, je pouvais prendre
leur place ; ils le comprenaient, ils flairaient en moi un
rival possible. A l'unanimité je fus repoussé.

Vous voyez d'ici la suite de mon histoire. Il fallut
vivre et naturellement me mettre en servage. La pres-
sion devint d'autant plus pesante que j'avais eu quelque
velléité d'affranchissement. Aussi, maintenant, ma vo-
cation n'a plus d'ailes. Mon imagination s'éteint. Décidément, les hommes l'ont bien tuée.

— Eh bien, lui dis-je, dans un beau mouvement de
compassion, je t'emmène au Japon : tu y recouvreras
la vie.

—Allons, mon cher mandarin, me répondit-il, vous
n'y songez pas. Les arts ressemblent aux mœurs. Ce
sont les enfants du climat. Vous aimez le son du gong
et nous celui du violon. Le roi de nos peintres transporté
au Japon ne serait peut-être pas jugé digne d'enlumi-

ner une barque de pêcheur, et le prince de vos artistes irait droit à l'Hôtel-Dieu de Paris.

La réflexion était juste ; je n'insistai pas.

Ayant fini de fumer, le pauvre homme reprit son tableau, nous salua amicalement et s'éloigna. Je ne l'ai jamais revu.

XIII

LES QUARTIERS DE PARIS

— Je vois en somme, dis-je à mon guide, qu'il y a plus de malheureux que de gens fortunés dans cette ville dont l'allure est cependant si joyeuse.

— Oui, reprit Francœur, Paris est le mélange le plus curieux et le plus bizarre. Il est des quartiers où la bonne ville porte soutane et capulet; — d'autres où la blouse remplace l'habit. Tout y est disparate. Dans certaines rues, nous chrétiens, nous nous sentons presque disposés à faire le signe de la croix, comme dans le préau d'un couvent; — à deux minutes de là, vous pénétrez dans un carrefour où le vice prend plaisir à s'afficher sur toutes les maisons. Il y a des rues déshonnêtes, des rues orgueilleuses, des rues criminelles, des rues laborieuses, des rues indolentes, des rues austères, des rues sensuelles, des rues mystiques, des rues profanes. Suivez-moi, je vais vous montrer toutes ces merveilles. Nous allons d'abord faire l'ascension de la cathédrale. De là nous planerons, pour ainsi dire, sur tout Paris.

Nous ne tardâmes pas à nous trouver au pied d'un magnifique monument à deux tours; un vieux petit homme contrefait, à la physionomie servile, déplaça quelque peu son bonnet de soie noire à notre approche, sortit de sa poche trois grosses clefs, nous ouvrit une lourde porte, tendit la main comme un mendiant et nous laissa seuls dans un escalier qui se tordait en spirale à l'imitation d'une vis. Nous montâmes pendant longtemps et arrivâmes enfin à une plate-forme d'où la vue s'étendait au loin sur Paris.

— Apercevez-vous, me dit Francœur, en dirigeant la main du côté du sud-ouest, apercevez-vous un quartier uniformément construit, semé de couvents, d'églises, de grandes cours et de jardins ? On l'appelle le vieux faubourg, parce que tout en effet y est vieux, hommes, principes, convictions. Les petits seigneurs y ont des rides à quinze ans; tandis que le reste de la société regarde l'avenir en face, les habitants de ce faubourg lui tournent le dos; ne leur en déplaise, ils n'ont de fidélité que pour ce qui est mort.

Inclinons au sud, continua mon guide : nous arrivons au centre privilégié des savants, des gens de lettres et des étudiants; on y remue encore des idées généreuses; — on y sent palpiter les derniers battements du cœur parisien.

Plus loin, au sud-est, commence la dépravation honteuse ; le vice se réfugie dans ces rues qui serpentent
autour de la montagne Sainte-Geneviève. Il s'y cache,
non pas parce qu'il se sent hideux, mais parce
qu'il est pauvre ; — à une lieue de là, de l'autre côté de
la Seine, il est éclatant, insolent, orgueilleux parce
que la fortune lui sourit. Au fond, il est aussi repous-
sant qu'ici.

Dirigeons-nous du côté de l'est : — apercevez-vous ce
dôme en forme de cloche? C'est l'église d'un bourg de
cinq mille personnes. Ce bourg est habité par des
vieilles femmes, par des folles, par des idiotes, par des
épileptiques ; — par des médecins, par des étudiants,
par des surveillantes. Tout cela vit à peu près pêle-
mêle. C'est le refuge de toutes les malheureuses
échappées aux périls d'une existence peu régulière ;
— elles y viennent finir leurs jours sous le patronage
de la bonne ville de Paris et y mourir saintement,
parce qu'elles ne peuvent plus pécher.

Franchissons la Seine : nous sommes dans un quartier de chantiers et d'entrepôts ; — on y entasse des pyramides de bois qui, aux jours de frimas et de neige,
chaufferont la capitale ; — les cheminées des usines,
semblables à d'immenses cierges, promènent sur l'horizon leur banderole de fumée. Travail et misère,
voilà le drapeau de ce faubourg.

L'ouvrier de ce quartier est le pendant de l'étudiant ;

il est toujours jeune. Comme lui il tressaille aux grandes idées ; son esprit s'anime aux doctrines libérales. Il a la passion de l'égalité.

Passons au nord-est et au nord : — les maisons se pressent sur les hauteurs :—petits rentiers, officiers et bureaucrates retraités, — artistes fourbus, — ouvriers enrichis, marchands retirés, — professeurs épuisés y abritent la fin d'une vie morose et inutile. C'est le séjour de la bourgeoisie aux plaisirs mesquins, aux pensées étroites, à l'esprit peu élevé et au cœur égoïste.

Poursuivons notre voyage : — nous voilà au centre du quartier où les femmes de mauvaise vie se déclarent grandes dames et sont parfois acceptées comme telles. Distinguez-vous ces rues montantes qui se groupent autour d'une église assez semblable à un temple? Eh bien, c'est là qu'elles règnent en souveraines. Chevaliers et laquais leur obéissent. Elles ont souvent pour banquier l'un, pour amant l'autre. On les aime un jour, jamais on ne les pleure.

A peu près autour du même centre gravitent les hommes pour qui la fortune semble plus facile que pour les citoyens du reste de la capitale. Ils dépensent beaucoup, — obtiennent à peu près tout ce qu'ils désirent, ne songent sérieusement qu'à leurs jouissances, traduisent tout en billets de banque, méprisent l'honnêteté qui qui ne rapporte rien, sourient de la vertu, des convictions fortes et de la religion, se croient beaucoup d'esprit parce qu'ils sont riches, et deviennent très-puissants, lorsqu'ils ne sont pas jetés en prison.

Plus loin, vers l'ouest, vous devez distinguer d'assez larges artères, des voies spacieuses, longues, plantées de bouquets d'arbres. Eh bien! c'est l'Europe, c'est surtout la Grande-Bretagne, campée à Paris. Les étrangers abondent dans ce quartier. On y parle anglais et russe comme à Londres et à Saint-Pétersbourg. Les mœurs britanniques y ont tellement déteint sur le fond de la population parisienne, que les demoiselles françaises s'y surprennent à entrevoir dans leurs rêves des défilés de jeunes lords caracolant sur de fringants chevaux. Je ne sais si les séduisantes montures n'apparaissent pas à leur imagination un peu avant les cavaliers! Qu'importe! par le temps présent, nos candides demoiselles ne sont-elles pas toujours de prévoyants financiers? Elles consentent à se marier, mais à bon escient. Il leur faut des maris à quatre roues, comme elles le disent elles-mêmes; elles lient volontiers leur existence au propriétaire de cette délicieuse villa, — à l'opulent directeur de cette maison d'affaires. — Cet époux est sot, peu honorable, vieux, usé par la débauche! objecterez-vous. — Allons donc! La fortune ne leur paraît jamais sotte, jamais déshonorée, jamais vieille!

Ah! chère Excellence, que nous sommes loin de cette époque où la jeune fille s'échappait du nid maternel, in-

soucieuse de l'avenir ! Alors les nouveaux mariés songeaient peu aux rigueurs du budget, aux exigences du
luxe, aux jugements du monde ;—ils s'aimaient, et c'é-
tait assez ! Ils roucoulaient délicieusement comme des
oiseaux sous la charmille, gravissaient le quatrième
étage pour être plus près du ciel, et lorsqu'ils se trouvaient seuls, bien seuls dans cette petite chambre, mal
meublée, presque pauvre, ils étaient riches ! bien
riches !

— Voulez-vous en savoir davantage, cher docteur ?

— Ma foi, non ; tu es plus désillusionnant qu'un livre
d'anatomie.

— Je ne suis malheureusement que trop vrai. L'a-
mour a perdu son carquois et ses flèches. C'est un petit
enfant maussade qui pleure parce qu'il n'a pas d'argent : voilà tout.

Nous gardâmes l'un et l'autre le silence ; je prome-
nai mes regards sur cette immense ville, cité fiévreuse
qui semblait gémir comme un malade en délire ; le
vent nous apportait des bruits confus, des intonations
bizarres, des grondements étranges. — Cette musique
presque fantastique m'enivrait ; et mes yeux parcou-
raient avec un charme inexprimable ce monde où tant
de passions diverses se déchaînent. Que de réflexions
se pressaient dans mon esprit !

XIV

LE CULTE EN FRANCE

Le soleil inondait de lumière les flèches des églises, dorait le faîte des monuments, miroitait sur les vitres, incendiait une partie de l'horizon ; — la grosse horloge sonna sur un ton lugubre sept coups. Il était temps de nous retirer. Le petit vieillard qui nous avait offert les clefs à notre arrivée nous cria du mieux qu'il put que, si nous ne voulions pas sortir, on fermerait les portes.

Cette crainte, évidemment mal fondée, n'en accéléra pas moins notre descente ; nous nous trouvâmes bientôt dans la rue, en face de la figure grimaçante du portier, qui nous tendit de nouveau ses doigts crochus. Une pièce blanche y tomba, et définitivement nous partîmes.

— Vous apercevez, me dit Francœur, cette petite maison adossée à l'église : c'est l'antichambre du temple.

Comme cette phrase paraissait m'étonner, il continua :

— Oui, bedauds, huissiers, suisses, sacristains, allumeurs de cierges, sonneurs, chantres, loueurs de chaises, donneurs d'eau bénite, diacres, sous-diacres, tout cela vit ou passe dans cette demeure, remerciant Dieu du fond de l'âme d'avoir donné aux hommes une religion aussi profitable.

— Par Confucius ! m'écriai-je, tu me sembles, mon cher, te railler quelque peu du culte de tes pères !

— Excellence, ne vous en étonnez pas, c'est l'usage : le monde est rempli de païens baptisés qui ne se déclarent chrétiens qu'aux grandes occasions. — La plupart des gens considérés comme éclairés pensent que la religion, au lieu d'élever l'âme, la restreint et l'affaiblit. Aux yeux de leurs égaux, ils ne voudraient pas pour beaucoup passer pour des hommes pieux ; mais, aux yeux du peuple et surtout des paysans, ils tiennent énormément à être pris pour de véritables croyants. Ils prétendent sans doute que ce qui importe, ce n'est pas qu'un honnête homme ait de la religion, mais qu'il paraisse en avoir quand la circonstance l'exige.

Francœur me dit à ce sujet bien des choses ; il compara la durée et les étapes d'une religion aux phases de la vie d'un homme ; il prétend qu'il n'en est pas d'éternelles, qu'elles ont toutes un commencement et une fin ; qu'excellentes à une époque, elles deviennent

ensuite presque surannées; il croit que le progrès de
l'esprit humain entraîne fatalement la chute d'une religion, si elle persiste à ne subir aucune réforme.

— Les religions ont une vie tout comme vous et
moi, a-t-il ajouté. — Jeunes, à peine sorties du berceau,
elles sont téméraires, exaltées, enthousiastes, capables
de dévouements immenses;— dans leur âge mûr, elles
deviennent jalouses de leurs priviléges, défiantes,
intéressées, fort habiles; — dans leur vieillesse, elles
sont économes, égoïstes, peu sympathiques; elles pensent peu aux autres et perdent beaucoup d'amis. Les
religions font leur temps comme les hommes sur la
terre. Seulement, dès que certains esprits d'humeur
turbulente s'aperçoivent qu'elles vieillissent, vite ils
s'efforcent de les étouffer.

De tout cela je conclus que, si les derniers recense-
ments accusent environ trente-sept millions de chrétiens en France, la statistique se fie aux registres de
baptême et non à la conscience individuelle. Je crois
donc pouvoir affirmer que ce qui domine en Occident...
c'est surtout l'indifférence.

XV

LE MONDE DES COQUINS

— Maintenant, docteur, changeons d'ordre d'idées. Le soir arrive! Les rues deviennent sombres, les ateliers se ferment, les boutiques des marchands de vin se remplissent; la plèbe cesse son travail et songe à se divertir; je vais vous mener dans un cabaret où vous ferez d'admirables études.

Et je fus entraîné, pour ainsi dire malgré moi, dans une petite ruelle humide, étroite, à peine éclairée, bordée par de hautes maisons dont le toit surplombait le chemin; des allées obscures s'entr'ouvraient à droite et à gauche et donnaient passage à des individus qui glissaient sur le sol plutôt qu'ils ne marchaient.

— Allons, Excellence, du sang-froid! me dit mon guide en me poussant dans un couloir obscur; avancez droit devant vous; n'abandonnez jamais la muraille. Mais, grand Dieu! baissez la tête, l'allée dans laquelle nous sommes a moins de quatre pieds de haut. Prenez

garde aux marches : elles sont aussi usées que la conscience des misérables qui habitent ce bouge.

Nous avançons : —j'aperçois une petite veilleuse qui
fumait dans une encoignure. Grâce à cette légère lueur,
j'arrive sans encombre à l'extrémité de l'allée ; —là le
passage inclinait à gauche et devenait tellement étroit
que j'avais peine à marcher en ayant même les coudes
sur la poitrine. Après un trajet silencieux d'environ
cinq minutes, nous vîmes une lumière qui tremblotait
à travers une vitre noircie. Derrière cette vitre, il y
avait des hommes qui chantaient et vociféraient.

— C'est là, me dit Francœur, qu'il nous faut pénétrer! Ne me quittez pas une seconde. Il y va de votre
vie. Je connais le mot d'ordre de la société qui tient ici
ses séances; si elle pouvait soupçonner que vous êtes
un intrus, vous seriez perdu. Rabattez votre chapeau
sur vos yeux; que votre cravate remonte jusqu'à
votre menton; allons, de l'assurance et du sang-froid.

Ce disant, il pressa un petit bouton dissimulé dans
la rainure de la porte; le battant s'ouvrit et nous en-
trâmes. — De nombreuses tables étaient occupées par
des gens d'apparence assez propre et dont l'extérieur
ne révélait rien d'extraordinaire de prime abord. Nous
nous faufilâmes rapidement au milieu de cette assemblée et gagnâmes un coin de la salle.

— Asseyez-vous, me dit mon guide, je me placerai
devant vous; vous pourrez tout voir sans être vu. Le

cabaret dans lequel nous sommes est celui du *Pigeon noir ;* en d'autres termes, je vous ai introduit dans un cercle de gens sans aveu ; notre entourage se compose de voleurs, de repris de justice, de faussaires et d'assassins.

Cette nomenclature me fit frémir ; je me levai et voulus m'échapper de cet antre infernal.

— Moins de pétulance ! bouillant docteur, reprit familièrement Francœur. Vous ne sortiriez pas seul. Je vous suis indispensable. Tout à l'heure, en entrant, j'ai fait un signe à cette grosse matrone à l'air impudique. Eh bien ! ce signe, il faut le répéter au départ. Sans cela, on risque gros jeu. Au reste, vous n'avez rien à redouter avec moi. On nous prend l'un et l'autre pour des filous : vous devez savoir que les loups ne se dévorent pas entre eux !

Tenez, continua-t-il en promenant ses yeux sur les assistants, j'aperçois ici des voleurs de douze catégories ! Ce personnage qui a, ma foi, fort bel air et qui disserte avec cette femme dont la physionomie est très-expressive, filou émérite ! Cet homme aux gros yeux et aux épaules d'athlète, meurtrier, voleur de grand chemin ! Ce petit monsieur d'apparence si soignée, pick-pocket ! Cette demoiselle à l'air langoureux, dont les doigts sont effilés comme des aiguilles, dévaliseuse de poches ! Cet individu aux lunettes bleues et au front bas, escroc ! Ce grand jeune homme dont les cheveux sont admirablement pommadés, monstre de dépravation ! — Il n'est pas un de ces individus qui n'ait eu maille à partir avec la justice ; celui-ci a fait vingt ans de fer ; celui-là, dix ans de réclusion ; cette lady aux beaux yeux est sortie d'une maison de correction, et ce merveilleux gentleman a vécu pendant plus de douze ans aux frais de l'État. Vous voyez, Excellence, que la société est choisie.

— Si choisie, repris-je, que je te somme, de me faire sortir au plus vite de cette caverne.

— Puisque vous l'ordonnez, partons ! Il y a pourtant d'admirables études à faire dans cet intérieur. Nos grands écrivains soucieux de captiver leurs lecteurs manquent rarement de dépeindre les bouges infects comme celui-ci ; — le public distingué, loin de redouter ces descriptions, les lit avec frénésie et se les arrache.

Hors de ce cabaret odieux, je fus plus à mon aise : la ruelle que mon guide me faisait suivre n'était cependant guère attrayante : elle serpentait comme un ruban entre deux rangées de maisons pour ainsi dire difformes et boiteuses ; — celle-ci s'effondrait sur elle-même et tendait le ventre ; — celle-là semblait vouloir menacer sa voisine d'en face d'une accolade insolite. Un ruisseau noir coulait au milieu de la voie et répandait des effluves asphyxiantes.

— Vous trouvez la promenade peu récréative, docteur ? articula mon cicerone. Patience ! je vais vous mener dans un cercle où vous pourrez vous divertir.

XVI

LES ÉTUDIANTS

Quelques minutes s'écoulèrent. — Nous entrons dans une sorte d'impasse ; nous franchissons une porte cochère, puis un petit jardin ; nous descendons trois à quatre marches et je me trouve dans une salle où deux à trois cents jeunes gens fumaient et chantaient.

— Dans quel monde suis-je maintenant? fis-je à mon guide.

— Dans le cercle de la Jeune-France ; on y parle beaucoup de liberté en pratiquant surtout le libertinage ; on y vante énormément l'indépendance, tout en tombant sous la dépendance de quelque mauvaise passion ; on y glorifie la générosité en ne songeant qu'à soi...

— Et ce sont là des étudiants!

— Oui, qui étudient peu et qui parlent de tout. Il y a pourtant ici des esprits très-distingués, des intelligences très-belles, des cœurs enthousiastes, mais atrophiés pour la plupart par l'oisiveté ou de faux plaisirs. Les vrais étudiants, les vrais libéraux, les futurs hommes d'État ne sont pas là. Ils peuvent y apparaître une heure, mais ils n'y demeurent pas des journées entières. Pas d'âme forte sans travail.

En cet instant, je remarquai un groupe de jeunes gens qui se formait autour d'un homme placé debout sur un banc. Comme j'étais assez loin, je ne distinguais qu'imparfaitement cet individu, qui gesticulait et haranguait la foule. Je m'approchai, et quelle ne fut pas ma surprise lorsque je reconnus Satrebil, — l'ami Satrebil qui nous avait quittés d'une façon si étrange en se jetant à la mer ! Sa physionomie me parut toujours la même, puissamment caractéristique ; sa voix stridente résonnait dans l'enceinte comme une trompette guerrière. Sa main, quand il la soulevait du côté du ciel, semblait évoquer toute une légion de démons. Quelle hardiesse ! quelle bizarre éloquence !

Je ne compris qu'imparfaitement quel devait être le sujet de son discours. Le savait-il bien lui-même ? Je l'ignore. J'ai toujours remarqué que les orateurs si admirablement doués parlent de tout sans jamais être bien édifiés sur le but qu'ils se proposent. C'est la tempête qui frappe au hasard.

La harangue terminée, les étudiants ayant chaudement applaudi, j'allai toucher la main de Satrebil.

Sans plus de façon, et comme si nous étions d'anciens amis, il se jeta dans mes bras.

— J'agis tout à fait à la manière française, s'écria-t-il ; que ne puis-je embrasser le genre humain comme je viens de le faire pour vous !

— Mon cher Satrebil, lui dis-je dans un élan sympathique, vous me paraissez un homme convaincu : à ce seul titre, je vous estimerais. Vous avez des principes généreux que je souhaite ardemment de connaître.

— Ces principes, répondit-il avec feu, ces principes sont ceux de tous les gens de cœur : je veux la liberté. Un pays intelligent ne saurait en être privé ; — la lui refuser, c'est éteindre ses nobles tendances, c'est infiltrer dans ses veines les penchants vils et bas des serviteurs et des esclaves. Je vous semble peut-être trop absolu, trop radical. Soyez pourtant pénétré de cette vérité : un grand peuple peut parfois se passer de liberté (il est même des jours de crise où il en redoute les excès), mais ce grand peuple, lorsqu'il envisage les choses froidement, y revient avec une force presque irrésistible.

J'écoutais ce plaidoyer, — qui ne date pas, je crois, précisément d'hier, — lorsqu'une trentaine de jeunes gens se ruèrent sur mon interlocuteur, et, au risque de l'étouffer, le hissèrent assez brutalement sur leurs épaules, le portèrent en triomphe autour de la salle et

crièrent à nous fendre la tête : Vive Satrebil ! Vive
Satrebil !

Poussé de droite, de gauche, — je faillis être écrasé
deux ou trois fois. — La poitrine meurtrie, les pieds
presque en sang, j'en étais venu à me demander quel
sort m'était réservé, lorsque j'aperçus une allée ; — je
m'y précipitai au hasard, heureux de m'échapper de
cette turbulente demeure où, sous prétexte de joie, on
mettait la vie des gens en péril.

Francœur ne tarda pas à me rejoindre ; il était quelque peu honteux de la conduite de ses compatriotes, et
employa toute sa rhétorique pour m'expliquer qu'après
tout, si j'avais couru quelque danger, on n'avait pas
eu, à mon égard, de malveillantes intentions. Il ajou-
tait que cette ovation spontanée, faite à un homme
très-libéral, révélait un enthousiasme qu'il craignait
de ne plus rencontrer dans la jeunesse ; pour lui, c'était
de très-bon augure.

J'admis très-volontiers que ces excellents jeunes gens
ne désiraient pas ma mort ; mais, franchement, entre
un individu tué par accident et celui qui meurt assas-
siné, je ne vois pas grande différence.

Quant à ce qui concerne les acclamations bruyantes,
je le répète, elles n'aboutissent pas. Donc, si vous
voulez honorer un homme comme Satrebil, élevez-le
paisiblement sur le pavois ; son triomphe durera d'autant plus que vous ne l'aurez pas porté à bras tendu.

XVII

LA CAMPAGNE ET SES HABITANTS

Un matin que le ciel était splendide, les douces effluves du printemps vinrent me visiter dans ma chambre
et folâtrèrent si amoureusement autour de moi, que je
fus pris d'un désir extraordinaire de parcourir la campagne, — non celle des environs de Paris, mais la
campagne un peu lointaine, celle qui fournit à l'homme
ses produits les plus utiles.

Je dis à mon fidèle compagnon :

— J'étouffe ici. J'éprouve un impétueux désir de
respirer le grand air, de contempler la verdure nais-
sante, de promener mes yeux sur des horizons plus
purs que ces maisons alignées comme des murailles.
— Mène-moi à la campagne. Je veux y voir vos paysans, — m'y pénétrer de leur existence.

— Je suis à vos ordres; rien de plus facile que le
voyage en France! Dans quatre heures, vous pourrez,
si bon vous semble, vous baigner dans l'Océan. En

moins de deux heures, nous serons transportés dans
un des greniers de la bonne ville de Paris, en pleine
Brie, le plus riche pays des provinces voisines.

— Commençons donc par la Brie ; nous verrons ensuite la mer et le célèbre port de Cherbourg.

— Très-volontiers, reprit mon compagnon ; je connais précisément un brave cultivateur dont je secouerai
la main avec bonheur. C'est un compagnon d'enfance,
aujourd'hui presque millionnaire.

Ce qui fut dit fut exécuté. Quelques heures après, le
chemin de fer nous déposa dans une petite ville située
au milieu d'une vaste plaine sans ombrage et sans eau.
C'était, m'a-t-on assuré, une des localités les plus célèbres par leur culture. Rien de prime abord ne révélait cette merveilleuse fécondité. Les champs qui
m'entouraient me parurent d'une uniformité désespé-
rante. Pas de fraîches vallées arrosées par des ruisseaux
causeurs ; —pas de monticules rompant la ligne droite
de l'horizon. Devant moi, derrière moi, partout une
surface plane.

—Je vais, me dit Francœur, vous conduire chez
mon ami, le plus gros personnage de l'endroit :—il en
est le maire. C'est un agriculteur très-puissant, propriétaire de domaines considérables ; il les exploite
avec une rare habileté. Son esprit est très-fin, — très-
subtil. Nous examinerons lui et ses champs ; nous étu-
dierons les mœurs de ses administrés, campagnards

rusés et retors ! Bref, vous aurez, en revenant à votre hôtel, à grossir votre journal d'un bon nombre de curieuses remarques !

Bientôt nous entrons dans la maison du notable, c'est-à-dire du maire. — On se lève à notre approche; Francœur est accueilli par des cris de joie; — tout le monde passe par l'accolade. Francœur est un homme exact, il n'oublie personne; il embrasse d'abord le maître du logis, puis la maîtresse, la grande fille, les quatre à cinq marmots du fermier, et, je crois, une grosse nourrice, qui, pour être plus avenante, essuie des joues rebondies couleur de brique.

Pendant ce temps, je demeurais silencieux, mais j'inscrivais des notes dans ma mémoire. — Enfin mon tour vint; je fus présenté.

— Voilà ! fit mon conducteur, le célèbre docteur Kouen-fou, venu du Japon tout exprès pour étudier notre pays; il vous demandera des renseignements sur vos cultures; en revanche, il vous dira comment on cultive le riz.

— Oh ! répliqua avec un gros rire le campagnard, si M. le docteur est en retour des Grandes-Indes, il ne doit pas être un fameux agriculteur. Nos soldats qui font des voyages sont ensuite de piteux ouvriers. Je crois, pour ma part, qu'il n'y a qu'un bon pays au monde, c'est le nôtre. Au Japon, je ne sais pas ce qu'on y fait, mais je suis bien persuadé qu'on n'y travaille pas comme chez nous. On y cultive le riz, dites-vous ; mais le blé? Voyez-vous, le blé, c'est encore la bonne culture. Le Japon, d'où vous venez, est-il bien aussi loin que l'Algérie? Ne serait-ce pas, par hasard, dans ce pays qu'ils nomment l'Amérique?

Je ne pus retenir un sourire; j'étais singulièrement surpris, je l'avoue, de l'ignorance de cet homme. Méconnaître sa géographie à ce point! Le plus petit écolier de Yédo en aurait remontré à ce chef de petite ville, à ce maire opulent.

Son corps ramassé, sa figure aux lignes peu fines; son front bas, ses mains épaisses, toute son attitude lui donnait une apparence conforme au peu de distinction de son esprit. — Sa femme me parut au-dessus de lui par l'éducation. Quant à la fille aînée, c'était une jeune demoiselle qui baissait les yeux lorsqu'on la regardait, et qui sortait, dit-on, d'un couvent où elle avait été parfaitement élevée. Le reste de la famille me déplut beaucoup : deux à trois mauvais petits drôles, bruyants et stupides, se moquèrent de moi sans ménagement; l'un d'eux glissa même dans une de mes manches je ne sais plus quel épi malfaisant et implacable qui, à chaque mouvement, se faufilait et grimpait plus haut; j'étais au supplice.

Je maudissais les petits scélérats, lorsque Francœur me frappa sur l'épaule et m'annonça que notre hôte se préparait à me montrer ses champs. Je le suivis.

Nous entrons dans une plaine cultivée. — Je dois à la justice de dire que les blés en fleurs me parurent magnifiques; ils formaient, sous le souffle d'une douce brise, des ondulations gracieuses qui s'étendaient à perte de vue. Malheureusement, aucun arbre! nul abri dans ce riche désert de verdure.

Voulant au plus vite me soustraire à l'ardeur des rayons solaires, — je demandai à visiter les bâtiments de la ferme; je remarquai autour de ces constructions la même absence de ces bocages dont nous aimons tant, dans ma patrie, à entourer nos chaumières. J'en fis l'observation.

— Notre soleil vous offusque, me dit le fermier; mais, par Dieu! c'est lui qui frappe nos écus. — Les arbres tuent le terrain. L'ombre est mortelle. Nous faisons du blé et pas autre chose; l'ombre que vous aimez, monsieur le docteur, nous enlèverait des arpents de culture qui nous produisent du bon et beau froment.

— Mais vous oubliez, m'écriai-je, que la santé est la première richesse; les arbres sont éminemment sains; ils absorbent les mauvais gaz, ils répandent autour d'une maison une délicieuse fraîcheur. Au Japon, nous élevons nos habitations au milieu de bouquets de verdure; de belles allées de camphriers, d'ailantes et de pample mousses conduisent aux demeures de nos paysans, qui, tout en aimant le soleil pour leurs cultures, ne redoutent pas un peu d'ombre pour eux-mêmes.

—Eh! monsieur le docteur, reprit le fermier, l'utile, rien que l'utile! Pourquoi craindrions-nous plus le soleil que nos épis de blé? Les arbres sont bons dans une forêt; mauvais ailleurs. On se porte toujours bien avec des pièces de cent sous!

Discuter avec un homme qui ne connaissait pas le premier mot de l'hygiène me parut inutile; je n'insistai pas.

— Voyons, fis-je bas à Francœur, cet agriculteur d'aspect si peu intelligent n'est pas l'esprit subtil dont tu m'as parlé tout à l'heure?

—Pardonnez-moi! ce simple fermier déconcerterait les plus habiles diplomates! Il paraît absurde, mais il est excessivement fin! Parlez-lui d'une acquisition de froment, d'un arpent de terre à vendre ou d'une paire de bœufs à livrer au boucher, son intelligence fonctionnera plus sûrement que celle d'un académicien! Il sait à peine écrire, — mais il compte à merveille; c'est un renard sous l'enveloppe d'un buffle; sa physionomie inintelligente est une de ses puissances; il déconcerte ainsi les acquéreurs.

Nous rencontrâmes un individu à l'air humble qui interrogea le maire sur une question administrative et le pria de signer quelques actes. Il me fut facile de voir que le nouveau venu était de beaucoup plus instruit que l'ami de Francœur; — je fus assez surpris, d'une part, — du peu de respect avec lequel on l'accueillait ; — de l'autre, de la servilité de ses maniè-res.

— Qu'est-ce donc ? demandai-je.

— L'instituteur de la commune.

— Eh quoi ! cet homme chargé d'élever les enfants, c'est-à-dire de former des citoyens, est traité de cette façon ? Il s'humilie devant un ignorant ; il demande conseil alors qu'il devrait être le premier à donner l'impulsion à son pays.

— Mais, répliqua Francœur avec son habituel sou-rire, cet instituteur est à peine citoyen lui-même ; — il ne possède rien, on ne saurait le respecter. On choisit le maire parmi les plus gros contribuables. D'ailleurs, l'instruction est complétement inutile aux fonctions qu'il remplit ; la preuve, la voici : nous avons en France trente-sept mille communes, dont les trois quarts sont dirigés par des paysans tout à fait igno-rants.

Les choses n'en vont pas plus mal.

— Tu veux dire qu'elles n'en vont pas mieux ! Au Japon, les chefs de village sont toujours des lettrés : le savoir ouvre des horizons nouveaux ; qui pourrait en douter ? Si le fonctionnaire le plus important d'une commune n'imprime pas l'élan du progrès, qui le donnera ?

Je ne sais où m'aurait emporté cette discussion, si notre fermier ne nous eût à peu près congédiés, en nous avouant assez brutalement qu'il lui fallait conclure un marché avec l'équarrisseur.

— Ah! messieurs les Français, — pensais-je alors, il vous appartient bien de vanter votre hospitalité! Vous n'en avez que le mirage! Vous vous dites le peuple le plus éclairé; illusion! Vous n'êtes pas loin d'être une des nations les plus ignorantes. Votre niveau baisse par ce seul fait qu'il ne s'élève plus et que les autres peuples grandissent. L'instruction, quelle est-elle chez vous? Le partage du petit nombre. Sait-on lire dans vos campagnes? Rarement. Voyagez-vous? Presque jamais. Prenez-y garde, vous serez avant peu dépassés par ceux qui, encore aujourd'hui, honorent votre littérature et votre savoir! Ce qui vous fait le plus défaut, c'est le contact étranger. Vous croyez être arrivés au faîte de la civilisation, parce que vos armées victorieuses se promènent autour du globe! Non, non! — ouvrez les yeux et regardez autour de vous. De toutes parts les jeunes générations vont butiner à travers le monde, afin de rapporter plus tard un miel abondant à la ruche maternelle. On s'empare de vos idées, on les unit à d'autres, et ce sont autant de pierres entassées pour élever de grands édifices. Envoyez au loin des milliers de jeunes gens, dont vous ferez ensuite des ingénieurs, des docteurs, des artistes, des agriculteurs, en un mot, des citoyens utiles. Il vous faut, à la tête de vos villages, moins de gens qui songent à eux et plus de Français soucieux de la vraie gloire de la France. Voilà comment vous parviendrez à conserver votre réputation.

Tout en agitant dans mon esprit ces réflexions, je reprenais le chemin de fer avec mon cher confident. Le soir même, nous étions de retour à Paris. — A demain la suite de mes aventures.

XVIII

UNE BONNE FORTUNE

O Confucius ! si ta grande âme m'a suivi dans cette journée, qu'a-t-elle dû penser de mes folies ?

Ce soir, vers les quatre heures, l'ami Francœur et moi, nous marchions dans une rue très-fréquentée ; — j'entends le bruit d'une voiture dont les roues légères rebondissaient sur le pavé ; — je me retourne ; — j'aperçois, ayant pour cadre la fenêtre de la portière, un délicieux visage ; — la voiture s'arrête ; deux regards sont échangés ; — un signe est fait ; — je ne sais, en vérité, comment les choses se passèrent, mais une minute après, je me trouvais à côté de ce ravissant minois. — O Confucius, ferme les yeux ! — Le cocher fouette ses chevaux ; le carrosse m'entraîne ; mon cœur bat comme à dix-huit ans ; nous gravissons un escalier ; deux petits pieds qui trottinent devant moi m'indiquent le chemin ; — je monte, et moi, si essouf- flé d'ordinaire, j'oublie fatigue, Bouddha, sagesse !

Deux portes s'ouvrent et se referment ; on m'installe sur un canapé moelleux ; je m'y étends comme chez moi, et j'y aspire le narguilé en compagnie de la charmante dame qui a si galamment fait ma connaissance.

Franccœur est un homme ingénieux ; — il a su retrouver ma piste. Comment ? je l'ignore ; mais il est venu me rejoindre.

Trois couverts sont immédiatement dressés ; nous dînons joyeusement et je me surprends à chanter un air populaire en France, qui commence par des mots dont on n'a jamais pu m'expliquer le sens ; — je ris, je fume, je me divertis ; les heures s'écoulent et je n'entends ni le battement de l'horloge, ni le cri de ma conscience !

J'allais, sans façon, me livrer aux douceurs de la sieste, lorsque la domestique entra précipitamment et avertit sa maîtresse que l'heure du théâtre sonnait. La dame fit une pirouette, se retira dans une chambre voisine en fredonnant une chanson.

— Qu'est-ce à dire, Franccœur ? m'écriai-je.

— Ne l'avez-vous pas deviné ? Vous êtes chez une artiste qui a plus de ressources dans ses œillades et dans ses pieds mignons que bien des gens de lettres dans tout leur esprit.

— Je ne suis donc pas chez une femme du monde ?

— Cela dépend. La danseuse chez laquelle nous

sommes reçoit les seigneurs les plus accomplis : — ducs, marquis, comtes, barons, chevaliers, agents de change, grands négociants et bien d'autres gentils-hommes du meilleur ton...

— Eh bien ?

— Eh bien ! ces beaux messieurs apprennent à dire ici ce qu'ils répéteront plus tard à leurs femmes. Complément ou supplément d'éducation, qu'importe ! la jeunesse ne saurait manquer aux doctes enseignements des danseuses ! Au reste, les parents commencent à s'y habituer : je connais certains pères bienveillants qui, par esprit de prudence, choisissent eux-mêmes de ces professeurs à leur fils.

— Eh quoi ! vous en êtes arrivés à ce point de dégénérescence ! Par Bouddha, le Japon tout entier, depuis Yéso jusqu'à Liou-khiou, n'est pas témoin d'une pareille infamie !

— Cela arrivera ! soyez-en sûr, nous vous civiliserons.

— Mais, au moins, repris-je, les futures compagnes de ces brillants cavaliers ne doivent pas accepter bénévolement ces turpitudes ? — Que disent-elles ?

— Elles ne disent absolument rien ; — la chose est passée dans les mœurs.

— Non ! non ! Francœur, tu te railles de l'ignorance dans laquelle je suis de vos usages et de vos mœurs.

— Pas le moins du monde ; la placidité des dames

est si complète — sur ce chapitre — qu'elles ne
songent jamais à interroger l'histoire plus ou moins
morale de leurs époux. D'ailleurs, n'allez pas croire
que les femmes fassent grand cas de notre vertu. Son
prix a sans doute tellement baissé sur la place qu'il
en est, et par douzaine, qui n'ont aucune répulsion
pour des maris d'une éducation... perfectionnée.

— Mon cher Francœur, m'écriai-je presque révolté,
brisons là, tu es de plus en plus décevant ! Tu sembles
fouler à plaisir devant moi les principes les plus sacrés !
— De plus, tu m'humilies. — Vieux fou que j'étais !
je croyais être le héros de quelque aventure roma-
nesque, — tu m'avoues brutalement, cruellement, que
je suis chez une courtisane vulgaire ! Ce n'est pas
assez ! Après m'avoir fait toucher du doigt les plaies
de notre sexe, il faut que tu jettes un voile obscur sur
le caractère des femmes. Je persiste à croire que ces
personnes pieuses que j'ai vues en si grand nombre
dans vos temples sont encore soucieuses de la morale !
Je ne veux point admettre que les femmes aient l'âme
assez corrompue pour préférer aux jeunes gens de
mœurs intègres, des maris dont l'existence a été flétrie
dans les orgies et dans les faux plaisirs ! Non, non,—
il y a au moins, au fond de toute conscience, les derniers vestiges de ce qui est juste, de ce qui est honorable ! Eh bien ! ce sentiment n'est pas mort dans le
cœur de ces jeunes femmes qui ont vécu loin du bruit,

sous le toit paisible de leur famille; — non, il n'est pas mort, — il ne doit pas l'être.

— Ah! bon docteur, ne discutons pas davantage sur ce sujet. Il vous reste à voir bien des choses encore. L'occasion se présente à vous de pénétrer dans les coulisses d'un grand théâtre; profitez-en. Cette bayadère se fera plus qu'un plaisir de vous y conduire. Ce sera pour elle un petit triomphe! Que dis-je? la cause de bénéfices peut-être considérables! Vous allez la rendre célèbre, presque historique: elle aura son biographe, homme de lettres important. Grâce à vous, sa photographie se vendra à côté de celle d'un maréchal, d'un évêque ou d'un ministre; — au lieu d'un carrosse de louage, elle aura voiture à elle; à la place de ces meubles qui appartiennent à un tapissier, elle possédera un mobilier à elle, en son nom! Vous ne me comprenez pas?

— En aucune façon.

— Vous allez bientôt m'entendre; — je poursuis. Je dis donc qu'on accédera d'autant plus volontiers à votre désir de visiter les coulisses d'un grand théâtre, qu'on se promettait bien de vous y mener. Si tout à l'heure la portière d'une voiture s'est ouverte devant vous, ce n'est pas, candide docteur, sous le prestige de vos charmes. On a spéculé sur la réputation d'un Japonais et rien de plus!

Ce coup me sembla terriblement rude; j'en fus un

instant presque interdit. Eh quoi ! on s'était moqué de ma vieillesse inexpérimentée ! Cette petite dame au sourire enchanteur m'avait traité en enfant ! L'on avait spéculé sur ma réputation d'étranger !

Dans ma fureur, je me levai et parcourus la chambre à grands pas ; une glace me renvoya une image si grotesque de mes traits que je me mis à rire franchement de ma sotte irritation ; je serrai la main de mon guide, lui jurai que j'avais tout oublié, et lui promis d'être dorénavant le plus philosophe des voyageurs philosophes.

XIX

LES COULISSES, LE THÉATRE

Comme mon guide l'avait prévu, il entrait dans le
plan de la danseuse de me conduire dans les coulisses
de son théâtre; je devais être le soupirant et la réclame
de cette belle princesse; — j'y consentis, me promet-
tant bien, au reste, de surveiller de près la stratégie
de la friponne.

En attendant, — néanmoins, — il me fallut aban-
donner quelques pièces d'or. Fort ingénieux fut le premier moyen mis en œuvre pour les extirper de ma
bourse. Je vous en fais juge. Voici l'anecdote :

Nous allions sortir lorsque je m'aperçus que mon
tabac touchait à sa fin; je priai la domestique de descendre chez un marchand du voisinage afin de compléter ma provision; — ne voulant pas avoir de compte
avec une inconnue, je lui remis un franc, qu'elle fit
tomber, en ma présence, dans son porte-monnaie, à
côté de plusieurs brillants napoléons. — Elle partit au

plus vite; cinq minutes après, elle revenait : son visage paraissait bouleversé, ses yeux étaient en pleurs : elle m'annonça entre deux sanglots qu'un adroit filou lui avait dérobé sa bourse; — je fus la dupe de cette grande douleur; je poussai même la bonté jusqu'à glisser dans la main de la pauvre fille une pièce d'or; j'aurais peut-être doublé l'offrande, si Francœur ne m'eût averti d'un geste expressif que ma sensibilité se fourvoyait étrangement. A n'en pas douter, maîtresse et servante s'entendaient pour m'exploiter.

Autre tentative d'abus, — hélas ! couronnée de succès. Nous montons en voiture : le cocher reçoit de ma charmante compagne l'adresse d'un marchand où il était de première urgence de faire des emplettes. — Nous nous arrêtons bientôt à la porte d'un splendide magasin; la danseuse descend lestement : un jeune homme de fort belles manières la reçoit; elle franchit, en vraie grande dame, des défilés étroits entre deux remparts d'étoffes de toutes couleurs. De la voiture où j'étais resté, je pus la suivre des yeux dans ce labyrinthe du luxe. Peu après je la vis revenir.

— En vérité! s'écria-t-elle avec un air de dépit admirablement joué, il est triste de recevoir de pareils affronts ! — J'ai oublié ma bourse et l'on me refuse de me livrer un vêtement dont j'ai absolument besoin pour la représentation de ce soir; il faut avouer que ces marchands ont bien peu de délicatesse!... Mais, continua-t-elle en se tournant de mon côté, — peut-être pourriez-vous me rendre le service de me prêter la somme qu'il me faut?

— Très-volontiers! répondis-je dans un premier mouvement de générosité!

Francœur me pinça à me faire crier; je compris, mais il était trop tard; la parole sortie de nos lèvres ressemblé à l'oiseau parti de sa cage, vous avez beau le rappeler, il ne revient plus.

Il fallut donc m'exécuter; je prêtai, ou, si vous voulez, j'abandonnai une dizaine de pièces d'or, qui s'engloutissaient ainsi dans un torrent.

Tout en réfléchissant que les insensés qui se laissent séduire par des femmes de la trempe de ma danseuse sont plus à plaindre que les pauvres diables dévalisés sur le grand chemin, — j'arrivai à la porte du théâtre, où ma brillante compagne se montra plus que jamais orgueilleuse de ses charmes et de ses parures.

Je la suivis dans une infinité de couloirs peu lumineux, et j'arrivai dans une petite salle nommée Foyer des artistes.

— Excellence, en demeurant deux heures ici, me dit mon guide, vous apprécierez mieux le monde théâtral que si vous assistiez pendant vingt ans aux représentations du répertoire ancien et moderne. En outre vous pourrez vous initier aux mystères de la littérature contemporaine. Chaque soir, les artistes un peu célèbres se donnent rendez-vous dans cette enceinte : ils s'y serrent la main et s'y déchirent ; si l'envie venait à mourir, — ce qu'elle ne fera certes pas, — on prendrait le grand deuil ici ; l'actrice est jalouse de la danseuse, le figurant du comparse, le comparse du jeune premier, le jeune premier du traître, le traître du bouffon, le musicien de l'auteur et l'auteur du directeur.

Un bouquet qui tombe d'une loge à l'adresse d'une cantatrice met en fureur tout le bataillon des choristes ; en revanche, le moindre coup de sifflet lancé à un acteur en renom met tous ses camarades en joie !

Ah ! nous sommes bien sur la scène du monde ! dans le monde en miniature ! Envie, trahison, lâchetés, coups d'épingle, coups de poignard ! Des acteurs ! toujours des acteurs ! Pas d'amis. Au reste, vous allez juger.

Pendant tout ce discours, ma danseuse s'entretenait avec ses compagnes et commençait évidemment à parler de mes générosités, de l'immense fortune qui l'attendait avec un prince de mon extraction. Elle jouait un rôle, rôle plus profitable pour beaucoup d'actrices que tous ceux qui sont joués sur la scène.

— Remarquez en passant, me dit Francœur, avec quelle discrétion ou quelle indifférence on vous regarde. Les acteurs, les écrivains sont sans doute tellement blasés sur toutes les distractions, qu'ils ne songent, en réalité, qu'à eux-mêmes ; leur personnalité les absorbe. Ils ont, en vérité, plus de coquetterie pour leur esprit que les petites maîtresses pour leur visage ! Paraître spirituels, décocher une saillie, acquérir de la notoriété, voilà leur but. — Quant aux moyens, — peu leur importe ! A-t-on jamais songé à discuter une victoire ? — C'est toujours le fameux mot de l'antiquité : « Malheur aux vaincus ! Gloire aux vainqueurs ! »

Hélas ! cher docteur ! jadis on obéissait au saint enthousiasme ! maintenant on s'efforce de l'annihiler, car, il faut que vous le sachiez, le talent est une des maladies de notre temps, il tue le génie ; — l'art, qui était une inspiration, tend insensiblement à devenir un métier. En littérature, en peinture, en musique, je ne vois plus que des gens habiles, que des ouvriers adroits, que d'ingénieux manœuvres.

Notez bien l'avantage immense qu'ont les hommes de talent sur les hommes de génie : — les premiers sont toujours compris de leur époque ; — les seconds le sont rarement ; — ceux-là savent exploiter les penchants du moment ; — ceux-ci devancent leur siècle et sont plus admirés par la postérité que par le présent. — Le talent est, partout, choyé et adulé, tandis que le génie effraye et fascine ; — l'un est le chat, l'autre le lion. — L'homme de génie est forcément inégal : — il est aujourd'hui au sommet de l'art, demain il en sera peut-être au plus bas degré ; on redoutait sa puissance ; dès qu'il semble affaibli, on l'écrase.

L'homme de talent n'a pas à craindre les haines implacables ; on le taquine, on l'égratigne, mais ses lauriers ne tiennent jamais personne en éveil, on peut l'égaler; — il vit au milieu des honneurs, de la fortune, de l'opulence, et méprise trop souvent l'homme de génie, victime du feu qui le dévore.

Que font nos écrivains, nos artistes? En gens sages, ils préfèrent les caresses du présent à la grande admiration de l'avenir, ils maîtrisent les nobles élans prêts à surgir en eux, se gardent bien de donner libre carrière à leur imagination qui pourrait les tuer, et ne font plus que du métier; — ils se concentrent dans un cercle étroit, y déploient une adresse extrême, y font des tours de force comme des clowns dans un cirque et arrivent d'un seul bond à la notoriété, qui est maintenant synonyme de réputation.

— Mon ami, repris-je, tu dissertes en véritable rhéteur. — Tu pars d'un point que tu es peut-être seul à admettre, et, te laissant aller au courant de ta faconde, tu arrives aux conclusions que tu désires. Je crois que les hommes font tout autant leur époque que les époques les hommes. Si vous n'avez plus de grandes inspirations, ce n'est pas le temps présent qu'il faut accuser, c'est votre âme; la nature est toujours belle, le ciel toujours pur, les sentiments généreux émeuvent toujours les masses. Votre cœur seul a changé. L'intérêt vous consume; aimez moins l'argent, vous aurez plus de génie.

— Ah! me dit mon guide, fidèle à sa doctrine, voilà précisément un des meilleurs types de ces hommes qui ont décapité le génie! Ce monsieur, fort jeune encore et déjà célèbre, est un artisan dramatique de premier ordre. Il fait une pièce comme un marbrier ferait une cheminée ou un ébéniste une table. Donnez-lui une idée, il fabriquera une délicieuse comédie; il emploiera les mêmes moyens, les mêmes effets que dans ses pièces précédentes; il n'inventera rien, absolument rien; — il y aura là une saillie, ici un creux, plus loin un angle; les mesures sont identiques, mais tout cela est admirablement poli, merveilleusement verni. Vous êtes séduit, vous achetez et vous n'avez le plus souvent que de vieux meubles qui ont déjà servi cinq à six fois.

Et là-bas, continua Francœur, apercevez-vous cet individu dont la tournure rappelle celle d'un chef de bataillon? Eh bien! c'est, en effet, le chef de bataillon des dramaturges; le monopole de la moitié des théâtres de Paris lui appartient. On n'y entre qu'avec son consentement; il prélève ses droits, comme l'administration des hôpitaux prélève les siens. — Bon an, mal an, il gagne deux cent mille francs!

— Ah! pour le coup, Francœur, tu ne peux attaquer le mérite de cet homme-là!

— Ma foi, docteur, c'est un fabricant, je ne vous en dirai pas davantage. Il expose les produits de son industrie et ceux de ses ouvriers. Médailles, mentions, croix lui arrivent pour ainsi dire de droit.

— Et ce gros homme, satisfait de lui-même, qui promène son regard malicieux sur l'assemblée?

— Ah! celui-là, c'est un écrivain très-fin qui redouble sa rhétorique depuis quarante ans. — Il juge les œuvres d'art avec une impartialité bien connue! Il taille sa plume tous les lundis sans trop savoir s'il montrera les griffes ou fera patte de velours.— Il sait beaucoup, et plus que la plupart des littérateurs contemporains; aussi lui refuse-t-on obstinément l'entrée d'une assemblée très-spirituelle, mais qui commence à redouter les gens d'esprit.

— Et cette dame qu'on semble entourer avec plus d'estime que de véritable respect?

— Cette dame est plus qu'un écrivain distingué, c'est un grand penseur! Autour d'elle gravite une nuée d'hommes de lettres, d'artistes et de savants, abeilles ou frelons, adulateurs du présent, qui peut-être, hélas! dénigreront demain.

Tout près se tiennent trois ou quatre jeunes littérateurs, dont l'un est surtout une intelligence très-remarquable : — examinez de près sa physionomie narquoise et sarcastique, son sourire ironique et fin. Cet homme est peut-être un des écrivains les mieux doués de la France contemporaine : journaliste, romancier, philosophe, auteur dramatique et, par-dessus tout, pamphlétaire! C'est le dix-huitième siècle railleur et sceptique égaré au dix-neuvième siècle.

A peu de distance, remarquez-vous cet homme à l'air insouciant? Celui-là est né avec un grand nom littéraire; sa fortune a été prompte. Son talent consiste à dépeindre un monde que les gens qui se respectent ne veulent pas étudier d'après nature. On court à ses pièces, qui sont un étalage de mœurs plus que suspectes; on suit avec un intérêt de scandale les aventures des femmes éhontées qu'il ose mettre sur la scène, — on applaudit aux triomphes de gens corrompus dont il se fait le fidèle historien.

— Ce que tu me dis là, Francœur, m'étonne et me confond. Mon petit livre concernant les coutumes de votre pays m'assure que le théâtre est chez vous une école de morale.

— Il le fut, mais il ne l'est plus.

— Non! non! m'écriai-je, je ne veux pas croire qu'un peuple comme le tien, qui se dit au sommet de la civilisation, ne se mette pas en garde contre l'influence pernicieuse que peuvent avoir sur des esprits ignorants de mauvais principes enseignés par le théâtre. Je ne suis qu'un pauvre philosophe japonais! Je juge moins d'après mon savoir que d'après ma conscience! Mais ma conscience condamne hautement ces déplorables exposés de turpitudes. Châtiez les coupables, mais ne les élevez pas sur un piédestal. Les défaillances du cœur sont faciles : le vice a une puissance attractive presque vertigineuse. Non, non, je te le répète, ce que tu me dis ne se peut pas.

— Cher maître, reprit Francœur en souriant, c'est la troisième fois que vous m'accusez d'exagération. Ma réponse, la voici : je vais vous conduire dans un théâtre populaire ; vous verrez les leçons qu'on y donne.

Ayant été assez heureux pour éviter les poursuites de la danseuse, nous sortîmes et ne tardâmes pas à nous installer dans des fauteuils disposés devant une scène assez large. Nous occupions la partie la plus basse de la salle. Je réclamais à ce sujet des explications, lorsque trois coups se firent entendre ; l'orchestre se mit à jouer une symphonie des plus bruyantes : le chef des musiciens n'avait pour tout instrument qu'un archet! Le pauvre homme se démenait comme un singe enchaîné sur un tabouret rembourré d'épines. Tout à coup, la toile disparaît par la partie haute de la salle : on voit une scène spacieuse qui représente une clairière dans une forêt.

Un homme très-brun, muni d'une barbe noire, et portant à sa ceinture tout un arsenal de mort, s'approche de la rampe, et, d'une voix rauque, se parle à lui-même, en montrant au public une bourse remplie d'or :

— Ah! fortune, fortune! dit-il, enfin tu me souris !

Je te tiens, ô mon amante, tu ne me quitteras plus. J'étais né pour être riche. J'aime les plaisirs, les femmes et le repos. — Si j'avais eu de la fortune, aurais-je jamais songé au mal? Aurais-je attendu sur la route, le pistolet au poing, les diligences pour les dévaliser? Non, non, mille fois non! J'ai même de la conscience. Je suis extrêmement bon. Si mes mains sont teintes de sang, si j'ai fait mourir une quinzaine de personnes, n'allez pas croire que je sois un scélérat; maintenant que j'ai de l'or, je ne tuerais pas une mouche!

Ce disant, cet excellent homme prit les vêtements d'un seigneur qu'il venait d'expédier dans l'autre monde, jeta toute sa garde-robe dans un fossé, apparut bientôt avec un habit chamarré de décorations, galonné depuis le col jusqu'à l'extrémité des pans, et se promena sur la scène avec une désinvolture de petit maître accompli.

Un murmure de satisfaction parcourut l'assemblée; le parterre applaudissait avec rage.

— En vérité, s'écrie le brigand devenu grand seigneur, j'étais fait pour être prince! Cet habit me va à ravir. Il s'agit maintenant de me marier richement et d'arriver aux premiers emplois. J'y parviendrai! Je n'ai reçu aucune éducation, c'est vrai! Mais, palsembleu! j'ai de la fortune, et c'est assez.

L'acte ou la scène finit sur ces mots. Immédiatement,

nous fûmes transportés dans un salon somptueux où des dames du meilleur ton s'entretenaient de l'esprit et de la galanterie exquise d'un gentilhomme arrivé depuis peu dans le pays. Il n'était bruit que de ses qualités et de ses vertus. Les portes s'ouvrirent et l'on annonça le duc d'Almanzor; j'avoue que je fus assez surpris de reconnaître mon brigand, qui, ce me semble, avait assez vite fait son chemin. Un dialogue animé s'établit entre plusieurs princesses et lui. Je vous épargne ces longueurs, probablement très-spirituelles; j'ai hâte de vous raconter la fin de cette curieuse histoire.

Or donc, l'ex-bandit jeta son dévolu sur une jeune vierge qui lui fut accordée sur l'heure; — à la fin de l'acte, elle était devenue sa femme.

Nous demeurâmes dans l'attente pendant environ dix minutes, et le spectacle recommença.

Au lever du rideau, l'honnête duc était installé dans une brillante villa, entre sa compagne et quatre à six petites têtes blondes. Des domestiques le saluaient avec autant de considération qu'un monarque, et les plus puissants dignitaires causaient avec lui d'égal à égal.

Le duc d'Almanzor était au comble du bonheur; car on parlait de sa prochaine nomination aux fonctions sérénissimes de premier ministre.

On entend le bruit d'un cavalier; c'est un messager

royal ; il marche d'un pas assuré vers le duc et lui re-
met une lettre du roi, lettre qui le complimente d'a-
bord sur ses rares vertus, sur son intelligence hors
ligne, et le nomme ensuite ministre aux acclamations
des invités et du public.

La lecture de cette missive, toute confidentielle, se
fit à haute voix. L'allégresse fut donc générale. Le messager, qui, durant une partie de la scène, avait tenu
un genou plié en terre, se relève et regarde avec surprise le duc.

— Misérable ! s'écria-t-il tout d'un coup en lui sau-
tant à la gorge, tu as tué ma mère !

Vous jugez de l'effet produit.

Le duc était alors très-pâle ; il ne perdit pas son
sang-froid et répondit avec un suprême dédain : — Cet
homme est fou.

— Vengeance ! s'écria de nouveau le messager ; assassin de ma mère, souviens-toi de la nuit du 25 avril !
Assassin ! meurtrier ! vengeance !

Cet homme me parut très-ému ; il gesticulait sur la
scène avec une irritation, en vérité, très-bien si-
mulée.

Le duc fut contrarié ; il sut pourtant se maîtriser.

— Eh quoi ! messieurs ! s'écria-t-il enfin, on insulte
devant vous votre ministre, et vous ne le défendez pas !

Aussitôt les seigneurs jurèrent que jamais vertu ne
fut plus éclatante que la sienne, et, tirant chacun leur

dague, commencèrent à donner la chasse au pauvre messager.

Tout ceci me parut extrêmement habile; car, si dans la journée même, un quart d'heure avant la signature du décret royal, ce messager eût dit à Almanzor ce qu'il pensait sur son compte, je ne sais si les seigneurs eussent montré autant de dévouement à le servir. Remarquez l'adresse dramatique de l'auteur, qui met précisément au pouvoir d'un ennemi le message adressé à monseigneur le duc.

Cette pièce me faisait marcher de surprise en surprise. Le délégué royal en fuite, — je pensais que le duc allait tout simplement occuper le poste qu'on lui accordait. Il n'en fut rien; le canon gronde; la nouvelle se répand que les ennemis ont franchi la frontière. Le duc, dans un beau mouvement, stimule l'ardeur des siens et vole au combat. La guerre sème partout ses désastres. La scène même est témoin de luttes terribles! On amène jusqu'à des batteries, et de véritables artilleurs de l'armée se mêlent alors au spectacle. C'est un tumulte infernal! Je me bouche les oreilles. Le peuple augmente le bruit en trépignant de joie.

Après un quart d'heure de repos, que nous avions bien gagné, le duc d'Almanzor apparaît. Il portait le bras en écharpe, mais des décorations de plus sur la poitrine. Il s'était conduit en héros; il avait, dit-on, fait mourir de sa main quarante ennemis. En présence d'actions aussi recommandables, le roi n'avait pas hésité à le nommer généralissime de l'armée. Le petit messager arrive sur ces entrefaites et s'écrie de nouveau sur un ton tragique :

— Assassin de ma mère ! Ton crime demande vengeance ! Vengeance !

Il recommençait à gesticuler, lorsque le duc s'avance, prend un air assez piteux et dit à ses amis :

— Eh bien ! oui, j'ai à vous faire un grand aveu : je ne suis pas le duc d'Almanzor, mais tout simplement un enfant du peuple, nommé Pédro ; mon frère était un misérable. Il me ressemblait à s'y méprendre. C'est lui, lui seul qui a dû assassiner la mère de cet homme. Je suis innocent, car mon âme est innocente ! Maintenant condamnez-moi, faites retomber sur moi votre fureur !

Le messager s'inclina et implora du généralissime son propre pardon. Le duc le relève et le nomme immédiatement son premier aide de camp. Deux mains se pressèrent affectueusement, et tout fut terminé. Je me trompe : la fille d'Almanzor, qui avait une petite intrigue avec le messager devenu aide de camp, l'épouse à la fin de l'acte. Sur ce, on se retira, enchanté de ce beau drame.

— Eh bien ! Excellence, que dites-vous de la moralité ?

—Je n'ai rien à en dire parce que tout est immoral. Ce bandit devenu grand seigneur, immoralité! Ce grand seigneur, enfant gâté de la fortune, immoralité! Ce messager chassé honteusement, immoralité! Ce ministre couvert d'honneurs, immoralité! Ce demi-aveu, immoralité! Cette nomination d'aide de camp provoquant le silence, immoralité! Ce mariage couronnant l'œuvre, immoralité!

—Et que diriez-vous s'il m'avait été permis de vous montrer *Cartouche, les Chevaliers du Brouillard* et *le Fils de la Nuit*, trois immenses succès? On y apprenait à voler et à assassiner les gens!

—Je dirais tout simplement que le théâtre est l'école du diable à Paris.

XX

PENSÉES DIVERSES SUR LA FRANCE

De retour chez moi, je pris connaissance d'une nouvelle lettre du docteur Tsoutsima. Les savants sont implacables! Il me faut maintenant me mettre martel en tête pour livrer au grand historien du Japon des pensées ingénieuses sur les mœurs françaises.

C'est toujours matière périlleuse que de s'ériger en moraliste, en censeur!

On ne satisfait personne. Les uns vous jugent trop sévère; les autres trop indulgent.

Après tout, les voyageurs qui visitent notre Orient n'ont point tant de scrupules : ils discutent carrément sur ce qu'ils ont à peine entrevu. — Moi, j'ai vu.

Ma foi, — je parle en toute liberté de conscience, je livre franchement mes impressions. Si ma manière de voir diffère de la vôtre, — amis lecteurs, — et si vous vous disposez à me condamner, interrogez, je vous prie, cinq à six de vos voisins, et posez-leur la question la plus simple, la plus banale : par exemple, quel est leur temps de prédilection? Goto vous répondra qu'il aime le froid ; — Sakaï, une chaude atmosphère ; — Firato, la pluie ; — Rionaï, la brume, et ainsi de suite.

Donc, permettez-moi d'exprimer sans contrainte ma façon de penser. Libre à vous de juger autrement. J'aime la chaleur, vous préférez le froid. Serrons-nous la main et quittons-nous bons amis.

Or donc, voici la réponse, du moins le commencement de l'épître, que j'adresse à Tsoutsima.

« Vénéré docteur, — je t'ai déjà parlé de l'histoire, — même de la politique des Européens. — Si ma précédente lettre avait pu te parvenir immédiatement par le langage silencieux de ces merveilleux fils qui portent la pensée des Occidentaux, il y a longtemps que tu m'aurais répondu, par la même voie, que mes renseignements à ce sujet étaient plus que suffisants.

« Je résume néanmoins mes réflexions sur les Français : ils forment une grande et belle nation, ni plus barbare, ni plus civilisée que la nôtre.

« Ils ont de nobles principes : relever les faibles, abaisser les tyrans, faire du bien, empêcher le mal, régner sur le monde par la justice et les bienfaits.

« Je ne suis pas bien sûr que cette magnifique doctrine reçoive fidèlement son exécution. Ce que je sais, c'est que le cœur de la France palpite au récit d'un événement douloureux; que tout le pays tremble de fureur à la nouvelle d'une action honteuse, et qu'un immense cri d'indignation s'élève de toutes parts lorsqu'un autre peuple, au mépris des lois humaines, opprime une nationalité généreuse.

« Le peuple français hait l'abus de la force, et parfois, par une étrange contradiction, il est le premier à en faire usage.

« Ses principaux défauts sont, d'une part, l'orgueil; — de l'autre, un détestable esprit de dénigrement.

« L'orgueil le pousse à placer au premier rang les vertus soldatesques. Il lui faut des victoires et il les remporte. — Aussi se croit-il si grand, si supérieur, qu'il ne cherche plus à grandir.

« Son esprit de dénigrement, qui tient sans doute aux brillantes qualités de son intelligence, doit singulièrement entraver la marche de son progrès. Une attaque franche peut stimuler le génie; la raillerie le déconcerte; le mépris me semble stérile...»

J'allais continuer cette lettre, lorsque l'ami Francœur entra précipitamment chez moi. Sa physionomie était à la fois joyeuse et inquiète.

— Excellence, me dit-il avec volubilité, il faut que je vous quitte. Satrebil vient d'hériter d'une fortune considérable. Il reprend le cours de ses voyages, — cette fois en grand seigneur. Je lui ai plu. Je deviens son premier intendant. Nous partons dans dix minutes; nos malles sont bouclées, et la voiture est en bas. On n'attend plus que moi. Adieu. Je me souviendrai toujours de votre bienveillance. Nous sommes excessivement pressés; nous avons à parcourir le monde! Une nouvelle fois, adieu, adieu de tout cœur. Je compte bien aller vous serrer la main à Yédo.

En parlant ainsi, il tombait dans mes bras, m'embrassait fraternellement sur les deux joues, me serrait la main à la briser et se sauvait sans attendre ma réponse.

Ce départ inattendu me laissa pour ainsi dire anéanti. Il fallut néanmoins se résigner et chercher un nouveau guide.

Mon embarras fut grand. Francœur, bien que satirique, était un esprit clairvoyant. Grâce à lui, je pénétrais jusqu'au cœur des choses. — Un autre interprète aurait-il son expérience, sa sagacité et son habileté? Je craignais bien de perdre au change... Enfin, après bien des démarches, j'ai mis la main sur un homme d'apparence très-distinguée. Il est né en Hollande, mais il parle le français correctement. Son air n'est pas précisément sympathique; mais il ne déplaît pas. Ses reparties me paraissent sensées. J'espère pouvoir compléter mes études.

. . . .

10.

XXI

FIN DU JOURNAL DE KOUEN-FOU

Nous sommes allés hier chez un Français nommé Martial Combes. Le bon jeune homme, désireux d'atteindre un haut goût oriental, m'a fait une réception saugrenue. Ses recherches gastronomiques m'ont surtout beaucoup diverti. Ah! si ces excellents étrangers lisaient dans mon âme, que de fois ils rougiraient en voyant le cas que je fais d'eux!

Il y avait là un jeune lettré qui commence, dit-on, à jouir de quelque notoriété. J'avoue que son nom est entièrement inconnu au Japon. Son front m'a paru soucieux et son regard d'une austérité singulière. Il souriait, je crois, aux extravagances de son compagnon.

J'ai causé quelques instants avec lui. Le monde asiatique ne lui est pas étranger. Il m'a même cité la plupart de nos grandes villes et une dizaine de nos plus célèbres mikados. Seulement il prononce le japonais d'une atroce manière : c'est à faire frémir.

. . . .

. . . .

Décidément, je regrette de plus en plus mon ancien guide Francœur ; — depuis notre séparation je ne vois rien. Mon nouveau drogman est peut-être fort érudit, mais son intelligence est au-dessous de la moyenne, c'est un sot...

—Sapristi! s'écria l'interprète en fermant avec fureur le manuscrit. Je me vengerai de ton insolence, Japonais damné ! Il faut que je lise pendant deux heures tes ridicules impressions pour aboutir à cette belle chute. Allez au diable, toi et ton Francœur !

Il se lève sans ajouter le moindre mot, passe rapidement les feuillets sous son bras, me salue, tourne le bouton de la porte et s'esquive.

XXII

POST-FACE

Eh bien ! amis lecteurs ! c'est à vous de juger le mémoire de Kouen-fou ! Je le crois sincère, inspiré par une âme loyale, trop portée néanmoins à la misanthropie.

Voulez-vous que je vous parle encore du savant docteur ? Il vient de repartir pour le Japon. Je ne suis pas sans inquiétude sur son compte : une personne bien informée m'a dit qu'il risquait beaucoup d'être obligé de s'ouvrir le ventre, suivant l'usage du hara-kiri. Pourquoi ? Est-ce parce qu'il a dévoilé la politique de son pays ? Non. Est-ce parce que ses sentiments sont trop libéraux ? Non. Vous ne le devineriez jamais : le Japon est si loin de la France ! C'est parce qu'il est demeuré seul, seul pendant trois heures, avec une danseuse de l'Opéra.

FIN DES IMPRESSIONS D'UN JAPONAIS.

IMPRESSIONS DES ANNAMITES

EN EUROPE

IMPRESSIONS DES ANNAMITES

EN EUROPE

L'INTERPRÈTE PÉTRUS TRUONG-VINH-KY

I

Un voyageur en Orient, mon ami M. Henri Bineteau, me mit en relation avec les ambassadeurs annamites, et particulièrement avec le savant interprète de la légation, M. Pétrus Truong-vinh-ky ; — le lendemain même de leur arrivée, j'allai leur rendre visite dans un hôtel de la rue Lord Byron, où les pauvres Orientaux, au nombre de soixante, s'étaient campés tant bien que mal.

Un jeune Cochinchinois à la physionomie chafouine

aux yeux clignotants, me conduisit à travers plusieurs chambres où des coulis dormaient dans les coins comme des chiens au chenil. — Je gravis un escalier dont les marches et les murs n'avaient pas complétement oublié le séjour qu'avaient fait, une année auparavant, les Siamois dans la même demeure.

Après un voyage de quelques minutes, mon guide frappa à une porte, qui s'ouvrit immédiatement ; je distinguai, du milieu d'un nuage épais de fumée, trois à quatre Annamites étendus sur des lits de repos, et près d'eux un jeune homme courbé sur une sorte de pupitre et qui travaillait pendant que ses frères se livraient aux douceurs du kief.

Sa physionomie me parut différente de celle de ses compagnons ; — son teint était cependant olivâtre, son nez largement épaté ; ses lèvres étaient grosses, et les pommettes de ses joues très-proéminentes ; mais son front, admirablement sculpté, révélait des dispositions philosophiques des plus prononcées. — Son costume, d'une simplicité très-grande, consistait en une sorte de robe noire rappelant un peu la soutane d'un prêtre. Un turban de couleur sombre s'enroulait autour de sa tête et laissait apercevoir, à la base de l'encéphale, quelques mèches de cheveux d'un noir bleuâtre. Ses pieds disparaissaient dans des babouches élégantes qui ressemblaient assez à des pantoufles de dame. Ce jeune homme se leva à mon

approche, me tendit la main affectueusement, m'a-
dressa une phrase d'accueil en français très-correct,
et m'assura que je n'étais pas un étranger pour lui ; il
roula à mon intention une longue cigarette, qu'il m'offrit
après l'avoir humectée sur ses lèvres, et moi, bravant
certains scrupules, je me mis résolûment à marier mes
joyeuses bouffées de tabac à celles de mon nouvel ami.

Je ne tardai pas à discerner la brillante intelligence et les nobles qualités du jeune interprète, dont
la parole douce et sympathique m'avait tout d'abord
charmé. Il s'énonçait avec une clarté parfaite, presque
sans accent ; ses yeux, d'un noir brillant, étincelaient
de temps à autre, suivant le tour que prenait la conversation.

Il me fut facile de voir que la théologie était sa
spécialité de prédilection : il en causait sans préten-
tion, mais avec une sorte d'entraînement irrésistible ;
il était là sur un terrain qu'il aimait, — sur un terrain
qu'il avait cultivé longtemps et qu'il connaissait à fond :
il n'avait pourtant que vingt-cinq ans !

— Vous êtes chrétien catholique ? lui demandai-je.

— Oui, me répondit-il ; les missionnaires de Poulo-
Pinang m'ont élevé dans la foi catholique ; j'ai failli
même devenir pour toujours leur compagnon ; le sort
en a décidé autrement, je suis marié et père de famille.

— Et vous devez toute votre instruction aux missionnaires ?

— A peu près tout ce que je sais ; ils m'ont enseigné le latin et le grec dès ma plus tendre enfance ; j'ai appris ensuite l'anglais, le français et l'espagnol avec des Pères de ces trois nations, et naturellement j'ai voulu joindre à ces connaissances le chinois, un peu de sanscrit et quelques dialectes de mon pays.

— Ainsi, lui dis-je, vous possédez environ dix langues ?

— Environ ; mais je soutiendrais difficilement une conversation en grec.

— Je le suppose bien ! On ne rencontrerait pas dans notre docte pays trois savants capables de répondre couramment en grec à une phrase interrogative.

— Je n'en crois rien, reprit Pétrus ; on est si savant en France !

— Parfaitement savant, en vérité, mais d'une ignorance presque proverbiale sur le chapitre des langues. Vous ne trouverez pas en France un seul homme sachant l'annamite !

— Vous m'étonnez ! Mais au moins parlez-vous tous le latin, puisque vos prières sont dans cet idiome ?

— Ah ! cher lettré, vous m'étonnez bien davantage par votre aveugle confiance en notre savoir. Le latin est une admirable langue que les écoliers mettent dix ans à maltraiter, et qu'ils abandonnent dès qu'ils sont à la veille d'en saisir l'esprit.

Nous en demeurâmes là sur ce sujet : il revint à la

théologie, et, me montrant un énorme manuscrit d'environ mille pages, écrit d'une main ferme et exercée, il me dit avec une délicieuse modestie de jeune auteur, — modestie tempérée d'une légère pointe d'amour-propre, — qu'en prévision d'un voyage dans un pays lettré et catholique comme la France, il avait traduit en latin un ouvrage par lui composé d'abord en annamite. Il ajouta que son livre avait exclusivement trait à la divinité de Jésus.

— Pensez-vous, me dit-il, que je trouverai facilement un éditeur ?

J'hésitai, je l'avoue, à décourager ce fervent chrétien, assez candide pour supposer qu'un ouvrage *latin catholique* aurait du succès parmi nous. Je lui répondis que peut-être certaines revues spéciales pourraient publier quelques fragments de son manuscrit.

Une idée navrante surgit alors subitement en moi : cette vie de Jésus écrite pieusement par ce fils de l'Orient me rappela le livre fameux qui venait de paraître, et dont le titre était tout à fait identique. Le jeune néophyte, enfant d'une contrée encore païenne, se présentait en Europe avec un livre inspiré par la foi la plus pure, et toutes les librairies allaient lui être fermées ; tandis que l'ouvrage où les attaques étaient dirigées contre le fondateur de notre religion se voyait presque disputé par tous les éditeurs.

Après une heure de charmantes causeries sur l'Orient,

sur la littérature hindoue, sur les ruines du Cambodje et sur les graves affaires de Cochinchine, je voulus prendre congé du jeune interprète.

— Attendez, me dit-il, je désire que mon frère vous soit présenté.

Et il frappa familièrement l'épaule d'un gros garçon d'environ vingt-deux ans, étendu sur un canapé, et qui se mit sur ses deux pieds avec une lenteur tout à fait orientale. Le frère de Pétrus avait un embonpoint qui confinait l'obésité ; ses prunelles sombres nageaient dans une choroïde jaunâtre et ne révélaient que l'indolence. Ses joues et son front étaient fortement marqués de la petite vérole. Une sorte de jus rougeâtre dû au bétel perlait sur ses lèvres, et, lorsqu'il répondit au compliment que j'eus la politesse de lui adresser, je vis les plus affreuses dents que j'aie jamais aperçues ; elles étaient toutes déchaussées et noires comme de l'encre.

Je serrai la main de l'ami Pétrus, qui m'accompagna jusqu'en bas, et me demanda, en chemin, comment je trouvais son frère.

— Ma foi, lui dis-je, assez embarrassé de cette question, je vous avouerai que je ne l'ai qu'imparfaitement remarqué ; je ne puis guère formuler mon jugement.

— C'est qu'il est très-beau, mon frère, reprit-il avec une légère nuance de fierté.

Je ne m'attendais guère à pareille révélation.

— Oui, continua l'interprète, c'est un homme très-recherché, très-aimé ; il n'a que trop de succès auprès de l'autre sexe ; je crains beaucoup pour lui les dangers de Paris.

J'eus grand'peine à garder mon sang-froid. Cet affreux Cochinchinois un Céladon ! Cet homme à gros ventre un Adonis ! toutes les lois de la beauté me paraissaient détruites.

Deux ou trois jours après, je revis Pétrus ; il me visita chez moi ; nous passâmes plusieurs heures ensemble. Sa conversation était toujours la même : sympathique, élégante, facile, mais il y avait dans sa physionomie une impression de tristesse qu'il ne parvenait pas à dissiper.

— Vous vous en apercevez peut-être, me dit-il tout d'un coup, je suis très-préoccupé ; ce que j'avais prévu arrive.

— Hé ! quoi donc, cher lettré ?

— Eh bien ! mon frère s'est mis à la fenêtre ; une fort jolie demoiselle qui demeure en face l'a remarqué, et je la crois très-fortement éprise de lui.

— Vous croyez ?

— J'en ai la certitude, reprit le candide Annamite ; elle lui a écrit ce matin ; mais, comme mon frère ne connaît pas le français, j'ai lu la lettre et j'y ai répondu.

— Et que lui avez-vous dit ?

— Je lui ai donné quelques conseils, répliqua l'excellent Pétrus.

— Et vous avez conservé le brouillon de votre missive.

— Oui, je l'ai même sur moi.

— Je serais bien aise que vous voulussiez m'en faire la lecture.

— Volontiers, me répondit Pétrus avec un sang-froid imperturbable.

Il sortit d'un petit portefeuille une lettre pliée en quatre et lut une épître à peu près conçue en ces termes :

« Mademoiselle,

« Il ne faut pas céder au premier mouvement du cœur; vous êtes jolie, vous avez une belle âme, vous pouvez faire le bonheur d'un mari et d'une famille. La religion nous enseigne à modérer nos feux trop ardents. Les apôtres ont dit que le Paradis était seulement réservé à ceux qui savaient combattre leurs passions. Soyez donc assez forte pour maîtriser ce commencement d'amour. Du reste, mon frère n'a plus à donner sa foi, il est marié; — dans quelques jours nous reprendrons ensemble le chemin de notre patrie. Vous l'oublierez, mademoiselle, et vous n'aurez pas à vous reprocher d'avoir troublé le calme d'une famille. Si le jeune homme que vous aimez n'était pas arrêté par les liens d'une union chrétienne, je vous aurais peut-être demandé de prendre auprès de lui le titre d'épouse, et vous nous auriez accompagnés dans nos régions lointaines; mais il faut absolument que vous apaisiez les tourments de votre âme.

« Votre respectueux serviteur,

« PÉTRUS. »

Que dites-vous de l'admirable naïveté du bon interprète? Elle me parut alors si singulière que je ne pus retenir un franc rire dont vous saisissez infiniment mieux le sens que mon candide compagnon. Je lui expliquai que la belle soupirante n'était qu'une fille de joie, et que sa grande honnêteté (à lui Pétrus) lui avait fait commettre une méprise dont on avait dû beaucoup s'amuser. Eh bien! malgré l'assurance avec laquelle je parlais, je ne parvins pas à ébranler sa noble confiance; il s'en alla, persuadé que les seuls charmes de son frère avaient enflammé une demoiselle de très-bon ton et de conduite parfaitement régulière (1).

---

(1) J'espère que mon excellent ami me pardonnera cette révélation. Je n'ai pas voulu priver mes lecteurs de ce détail intime de mœurs qui peint l'élévation, la candeur charmante de sa belle âme.

II

A quelques jours de là, bras dessus, bras dessous,
nous parcourions les boulevards et les grandes voies
de Paris ; entrant ici dans un édifice religieux, là dans
un palais ; plus loin dans une manufacture, plus loin
encore dans un café ou dans un concert.

Ce qu'il voyait lui inspirait en général peu de paroles, mais on s'apercevait aux feux de son regard qu'il
était loin d'être insensible aux merveilles de l'industrie
et aux prodiges du génie européen.

A la Bibliothèque impériale, il examina avec le plus
vif intérêt les collections d'ouvrages qui lui rappelaient
l'Orient ; ses questions étaient fort judicieuses, et ses
répliques témoignaient un profond savoir. Il feuilletait
les manuscrits et les in-folio avec cette ineffable satisfaction du bibliophile, satisfaction qu'il faut avoir soi-
même pour bien la comprendre chez les autres. Un
linguiste très-versé dans l'histoire du bouddhisme s'en-
tretint quelques minutes avec lui, et nous, assistants,
nous demeurâmes convaincus que le jeune interprète
de l'Annam aurait pu donner de précieuses leçons au
vieux maître.

Voulez-vous une preuve éclatante de l'érudition de l'ami Pétrus, écoutez l'anecdote suivante :

Mandé par un de nos ministres, notre Annamite est interrogé sur ses connaissances ; il répond simplement que son érudition se borne à une dizaine de langues.

— Vous avez appris dix langues ! vous connaissez dix langues ! reprend avec étonnement l'homme d'Etat.

— Oui, répond Pétrus, mais je ne les parle pas toutes.

— Je n'ai pas de peine à le croire ; mais vous en parlez plusieurs ?

— Oui, entre autres le latin.

— Et vous pourriez causer en latin aussi facilement que dans votre propre idiome.

— Ma foi, oui, aussi aisément.

— Eh bien ! reprend le ministre en pressant le ressort d'un timbre, je vais immédiatement vous mettre en relation avec un latiniste de premier ordre ; il sort à la minute de mon cabinet, je le fais rappeler, vous allez converser ensemble.

Quelques instants après, un homme d'une cinquantaine d'années, à la physionomie très-froide, porteur d'un ruban rouge et d'une cravate blanche, entre dans la chambre ; il s'incline devant le dispensateur des places et des dignités et se met aux ordres de Son Excellence.

— Mon cher monsieur, lui dit le ministre, vous êtes

11.

le plus fort latiniste que la France possède; ce n'est pas là un compliment, c'est une vérité. Vous savez disserter dans la langue de Cicéron mieux que la plupart dans leur langue maternelle; je vous présente un jeune interprète annamite qui prétend s'énoncer en latin sans aucun embarras; je ne connais pas de juge meilleur que vous; à l'œuvre donc, causez.

Le docte professeur préluda par une phrase que n'aurait pas désavoué, l'auteur des *Verrines* lui-même. La période s'arrondissait mollement, harmonieusement; les mots se mariaient entre eux et caressaient délicieusement l'oreille.

Pétrus répondit par une phrase nette, claire, d'une élégance douteuse peut-être, mais pourtant d'excellent aloi. On lui avait demandé si la France (*Gallia*), sanctuaire de la littérature, n'était pas le pays de son esprit et par conséquent sa véritable patrie; il repartit que l'homme avait deux patries, celle de l'esprit et celle du cœur; qu'on chérissait bien l'une, mais qu'on adorait l'autre, et qu'à tout prendre, il s'apercevait bien à son âme qu'il était né dans les parages de l'extrême Orient; que sa véritable patrie était là.

Le savant français reprit en sous-œuvre la même idée; il la développa, mais avec une certaine gêne; il se jeta brusquement ensuite dans un autre sujet et trébucha à la fin d'une phrase; les expressions lui manquaient; il était visible que la traduction du français

en latin ne se faisait dans son esprit que très-pénible-
ment; il attendait parfois plusieurs secondes avant de
terminer ses périodes et semblait louvoyer pour ne
pas faire naufrage.

L'interprète annamite parlait au contraire avec plus
de laisser-aller que jamais; il semblait, de minute en
minute, acquérir de nouvelles forces. La voie qu'il sui-
vait était diamétralement opposée à celle de son interlocuteur : ses expressions devenaient précises, lumi-
neuses, tandis que son antagoniste se perdait dans une
phraséologie vague et indécise. Il arriva même un
moment où, se voyant à bout de ressources, le célèbre
linguiste d'Occident répondit tout simplement en français à une interrogation latine de Pétrus; le jeune
Annamite répliqua en latin, on lui répondit encore en
français.

Se tournant alors vers le ministre qui avait assisté à
ce curieux tournoi :

— Ce jeune interprète, dit-il, se sert parfois de locutions peu choisies, mais sait en somme assez bien le
latin.

— Oui, reprit malignement le ministre, il me semble
même mieux le connaître que beaucoup de linguistes
de France.

III

Je reviens à nos entretiens. — Un jour, en passant devant un restaurant du Palais-Royal, nous vîmes sortir d'une voiture de gala une jeune mariée qui, du marchepied de sa calèche à chevaux blancs, s'élança dans un escalier et disparut.

— Qu'est-ce? nous dit l'interprète, dont les yeux avaient été quelque peu éblouis de cette apparition. Qu'est-ce? Une femme de plaisir?

— Non pas! lui répondit un de nos amis, c'est une jeune fille, sans doute fort honnête, qui vient d'acheter un mari.

Pétrus ne comprit pas que la réponse n'était au fond qu'une boutade, et il repartit sur un ton sérieux:

— Si, en France, les hommes se vendent, c'est précisément le contraire en Cochinchine; nous achetons toujours nos femmes.

— Quoi! m'écriai-je, en seriez-vous encore à ce point de barbarie?

— Oui, reprit l'interprète avec sa candeur habituelle, nous offrons au père de la femme qui nous plaît une somme d'argent en échange du bonheur qu'il nous cède. C'est logique! Des deux méthodes, — de la vôtre, qui consiste à n'accepter une femme qu'à la condition d'une dot, et de la nôtre, qui exige de la part du mari une sorte de payement, ma foi, je préfère la seconde. En prenant une demoiselle fort opulente, vous, homme pauvre, vous devenez esclave par ce seul fait. La fortune n'est pas à vous, la puissance non plus; car les deux marchent toujours de pair. Nos mariages sont au fond plus réguliers que les vôtres : ils ressemblent au commerce ordinaire, c'est juste; mais ils n'altèrent pas notre suprématie, ils ne compromettent pas notre autorité.

Je ne savais trop que répondre à la logique presque éloquente de l'ami Pétrus. Craignant de défendre une cause au moins douteuse, je changeai le tour de la conversation et lui demandai en riant combien pouvait valoir une femme sur le sol de l'Annam.

— Les prix varient, répondit-il ingénument.

— Je le pensais.

— Une belle femme peut valoir 100,000 sapèques.

— Et la sapèque a probablement la valeur d'un franc?

— Oh non! il en faut environ six cents pour faire un franc.

— Une belle Annamite aurait donc cours au prix d'environ trois cents francs?

— Oui, c'est à peu près le taux ordinaire, mais il y en a de bien meilleur marché. Ainsi, plusieurs de nos compatriotes qui nous accompagnent sont mariés et n'ont évidemment pas déboursé une somme aussi forte. Les coulis acquièrent une femme moyennant une douzaine de francs ; mais, vous et moi, nous ne voudrions pas de pareilles compagnes.

— Je le comprends, mais encore ces femmes ont-elles de bonnes mœurs ?

— En général. Ceci dépend de la surveillance.

— Mais, objecta-t-on, l'argent a partout une valeur conventionnelle, et les douze francs de vos Annamites sont peut-être tout aussi pesants en Cochinchine que douze cents francs en Europe.

— Je serais tenté de ne pas le supposer, répondit ingénieusement Pétrus, car un de vos amiraux faisait travailler nos concitoyens à raison de trois francs par jour. Naturellement, on n'a pas dû établir cette base de prix sans y réfléchir mûrement.

— Ainsi, ajoutai-je, un Cochinchinois quelque peu laborieux pendant quatre jours pouvait, au cinquième, prendre femme ?

— C'est la vérité ; ceci s'est vu souvent, me répondit Pétrus, mais plus souvent encore l'ouvrier se grisait avec de l'eau-de-vie ou achetait des armes.

IV

J'ai rarement vu d'homme plus impartial dans une position cependant plus difficile. Son éducation européenne et sa confraternité avec des Français donnaient à mon ami Pétrus la mesure de la prétendue civilisation de l'Annam; mais son cœur pouvait-il répudier sa patrie? Non. — Il louvoyait avec prudence entre ces deux écueils : déprécier l'Europe ou son pays; — il admirait l'une et aimait l'autre : c'était la meilleure voie qu'il pût suivre.

Son esprit, bien que très-indulgent, se plaisait assez volontiers aux critiques anodines; il n'égratignait pas, il chatouillait seulement, car sa bonté l'entraînait même parfois à oublier ses intérêts les plus chers.

Je me souviens qu'il s'amusait beaucoup de la crédulité de ses compatriotes, qui avaient pris au sérieux les mille trucs de la grande féerie de *Peau-d'Ane* et qui en étaient sortis persuadés que des sorciers planaient au-dessus de la salle de la Gaîté. Il me raconta également avec le sourire sur les lèvres la terreur que M. Robin, le prestidigitateur, avait su leur inspirer; voici l'anecdote :

On était alors au beau temps des fantômes, des spectres, des apparitions impalpables; M. Robin s'en était constitué le grand prêtre. L'ambassade presque entière se rend un soir dans sa petite salle du boulevard du Temple; les Annamites subissent assez bravement les premières opérations magiques, mais sont pris d'un vif sentiment d'inquiétude à la vue de ces spectres vivants qu'un souffle fait évanouir; cette inquiétude se change en stupeur quand ils distinguent sur la scène le fantôme d'un de leurs compagnons. Vous jugez de leur angoisse! Ils cherchent autour d'eux leur frère; il n'y est plus; ce n'est donc pas une illusion; — ils croient à un guet-apens et sont sur le point de s'élancer dans la rue; ils hésitent pourtant comme foudroyés par ce coup imprévu. Deux minutes après, — minutes longues d'un siècle, — ils entendent un bruit de pas derrière eux; la porte de leur loge s'ouvre bruyamment; — plus de doute, on se prépare à les assassiner; ils se lèvent, pressent instinctivement la poignée de leurs armes, lorsqu'ils voient entrer, avec la physionomie souriante, leur compatriote qu'ils supposaient à jamais perdu.

Eh bien! Pétrus, homme crédule s'il en fut, puisqu'il croyait à la vertu de certaine demoiselle dont nous avons parlé plus haut, Pétrus nous contait ce petit épisode en véritable esprit fort; il nous jura n'avoir pas eu une seule minute de crainte.

D'après ses conversations, je pouvais, pour ainsi dire, soupçonner les impressions que ressentaient les Annamites, car leur physionomie, en général, ne révélait rien ; on sait que les Orientaux sont d'une impassibilité à toute épreuve. Pourtant, à leur arrivée en France, l'accueil qu'on leur fit ne laissa pas de troubler leur apparente quiétude. Voici ce qui s'était passé à ce sujet :

Lorsqu'ils entraient dans le port de Toulon, on fit partir à peu près en même temps une douzaine de batteries, afin de leur rendre des *honneurs dignes d'eux ;* — le premier ambassadeur ne put conserver son sang-froid ; c'était une réception splendide, princière, mais infernale, qui pouvait se changer en fête de mort. En entendant cette fête de la poudre, sa physionomie devint singulièrement rêveuse. Quant aux coulis, ils se blottissaient dans des coins du navire comme des chiens par un temps d'orage.

Lorsque Pétrus partit pour l'Espagne, où il s'embarqua pour Alexandrie, il me fit une promesse qui cadrait parfaitement avec mes désirs, — il me promit d'interroger ses compagnons sur leurs impressions et de m'envoyer, pour ainsi dire, le résumé du grand journal de l'ambassade.

Ce résumé précieux, je l'ai entre les mains ; le style en est simple, peu fleuri, peu imagé, bien qu'oriental. Je vais, du reste, vous le communiquer.

« Excepté Paris et Madrid, dit Pétrus dans son mémoire, les Annamites n'ont voulu aller nulle part ; ils ont simplement rendu des visites de politesse aux autorités locales et n'ont jamais accepté les invitations de qui que ce soit. Aussi ont-ils négligé l'étude des pays où ils sont passés. Quant à moi, continue-t-il, je n'ai jamais laissé échapper les occasions de voir et de connaître, autant qu'il était possible, les contrées que nous avons touchées pour n'importe quel motif.

« D'après les communications recueillies soit par mes conversations avec eux, soit par la lecture de leurs journaux de voyage, je vous présente le résumé de ce qu'ils sentent, de ce qu'ils admirent et de ce qu'ils veulent introduire dans leur pays pour le bien des habitants.

« Ensuite je vous désignerai les obstacles qui pourront arrêter ou retarder le progrès de la civilisation que le royaume d'Annam désire dès à présent implanter avec plus de sincérité que jamais. »

Je n'ai rien changé à ces phrases qui, sans être élégantes, sont très-convenablement exprimées ; — je continue à reproduire textuellement le curieux mémoire du jeune interprète :

« Mes compagnons sont tous convaincus que l'Europe est déjà très-avancée en civilisation ; ils comprennent votre supériorité dans l'art du confortable et savent que vous êtes infiniment au-dessus d'eux dans les sciences et dans l'industrie. Ils ont vu comment les affaires politiques se traitent chez vous, comment les affaires administratives s'y font. Ils ont connu et apprécié les mesures que prennent les gouvernements pour le bien public. Le même principe existe chez eux, mais, il faut l'avouer, il a été souvent mal appliqué, mal exécuté. Ils ont compris l'égalité, la fraternité, la liberté, base à trois pieds de la vie sociale ; — ils ont observé de quelle importance était pour vous la puissance des armes et une milice nombreuse, dont l'entretien, quoique n'étant pas toujours indispensable, peut être très-nécessaire dans certains moments et produit toujours bon effet pour la gloire d'une nation. Ils sont aujourd'hui, grâce à vous, persuadés des avantages immenses de l'agriculture, vie pour ainsi dire du peuple.

« Examinant sainement ce que leurs yeux leur ont montré en France et se reportant par la pensée dans leur propre patrie, — ils trouvent, malgré leur amour-propre national, qu'il y a une grande différence entre l'extrême Occident et l'extrême Orient ; ils ne peuvent qu'avouer que leur pays est stationnaire dans sa première étape de développement, et que, comparé à l'Europe, il est encore bien en retard ; ils espèrent pourtant qu'une concurrence s'établissant, ils parviendront un jour à être au niveau des nations les plus civilisées.

« Les travaux publics, les constructions élevées, belles et solides, les routes partout bien entretenues, les chemins de fer si commodes pour la circulation, l'organisation administrative, les établissements destinés à l'enseignement du peuple, les collèges ouverts à la jeunesse, les institutions pieuses, voilà ce qui a surtout frappé de surprise et d'admiration les Annamites, qui n'avaient auparavant jamais rien vu de pareil. Après de mûres réflexions, ils louent les coutumes, les habitudes, les mœurs des Européens. La propreté et la beauté des habitations leur plaît également beaucoup.

« Quant à quelques usages contraires aux leurs, les Annamites ne sauraient naturellement les trouver de leur goût; cependant, comme ils réfléchissent que les Européens peuvent avoir la même répulsion pour leurs habitudes, ils se gardent bien de les dénigrer.

« Des trois ambassadeurs, le premier est celui dont l'intelligence s'élève le plus haut; son jugement est droit; il estime toute chose à sa juste valeur. Il m'a souvent manifesté son vif désir de faire le bien et de travailler autant qu'il le pourrait au perfectionnement du peuple annamite. Malgré cela, lorsqu'il vient à regarder ses cheveux blancs, il soupire comme s'il souhaitait de consacrer le reste de ses jours aux occupations paisibles d'une agréable retraite. Je l'ai fortement engagé à n'en rien faire, et j'ai l'espoir que, cédant à mes sollicitations, il accomplira ce qu'il a si bien commencé.

« Stimulé par l'amour de son pays et jaloux d'utiliser les connaissances acquises par son voyage en Europe, il a l'intention d'introduire en Cochinchine ce qui lui a paru devoir être favorable à la civilisation: Il m'a fréquemment demandé quel était, suivant mon opinion personnelle, le meilleur moyen de triompher des préjugés et de faire comprendre au peuple les avantages de l'agriculture et de l'activité industrielle. Le plus efficace à mon avis, c'est de le faire sortir de son apathie, c'est de l'habituer au travail; après, on appliquera son intelligence à telle ou telle faculté; je suis convaincu qu'en toutes choses le début est ce qu'il y a de plus difficile.

« Les ambassadeurs se sont consultés sur la construction de grands édifices; ils ignorent s'ils pourront jamais avoir des monuments aussi hauts que ceux d'Europe; — ils font des études pour savoir où la terre présentera une solidité suffisante pour supporter le poids de lourds bâtiments; ils désignent déjà sur la carte les positions les plus favorables pour créer de grands centres de population; — ils se demandent comment on pourra exploiter les terrains abandonnés et incultes; comment ils parviendront à posséder une flotte; quels moyens il faudrait employer pour rendre le pays plus sain, etc.

« Ils ont compris qu'en Europe la cause principale
de l'avancement, c'est la nécessité; chacun, en effet,
est dans l'obligation de gagner de l'argent. Votre
brillante fortune intellectuelle pourrait bien moins
tenir aux dispositions heureuses de votre esprit qu'au
petit nombre de ressources dont vous disposez. Dans
l'Annam, le sol est excessivement riche; l'esprit, n'étant
pas en butte à la nécessité du travail, demeure dans
l'inaction. Nous serions évidemment plus riches au
point de vue intellectuel si nous étions sur une terre
moins opulente.

« Il ne s'agit pas pour les chefs de vouloir transformer l'Annam pour y parvenir; il y a à lutter contre
la force d'inertie; non-seulement l'opinion de quelques esprits est peu de chose, comparée à celle d'un
peuple entier, et risque fort de n'être pas écoutée;
mais combien de superstitions à abolir, combien de coutumes à réformer, combien de préjugés à abattre, combien d'amours-propres à blesser dans cette refonte générale!

« Et le chapitre des dépenses! — Je le passe et
j'arrive à d'autres considérations. Rien de plus tenace
que nos fonctionnaires dans leurs principes. D'ailleurs
ils ne verront, ils n'entendront jamais les ambassadeurs. Comment parviendront-ils à se pénétrer de leurs
idées; — mais supposez même que ces grands Thomas
(*sic*) comprennent intérieurement les avantages de la

civilisation européenne, ils feront tellement examiner, scruter, peser les institutions que l'on voudrait introduire, qu'il sera bien difficile qu'elles commencent même à prendre racine.

« Ils ne songent pas au bien du peuple, ils ne pensent qu'à plaire à leur souverain : voilà la vérité; ils l'endorment au murmure de leurs flatteries.

« Ce fait que je viens de signaler est une des causes de la plupart des maux des Annamites ; — les gouverneurs ne parlent au souverain que des événements heureux; ils ne l'entretiennent que de ce qui peut le charmer; — aussi, malgré les prescriptions de la loi, cachent-ils les calamités et évitent-ils d'ébruiter les défaites, les famines, les mauvaises récoltes et jusqu'aux épidémies. — Rien ne transpire de tout cela dans les rapports annuels que le souverain exige d'eux pour se mettre au courant des affaires de l'État; — les gouverneurs annamites sont craintifs, soupçonneux, observateurs serviles de traditions déplorables; aussi filtrent-ils souvent des mouches et font-ils avaler des éléphants entiers (sic).

« Comment, maintenant, parviendra-t-on à répandre les éléments des connaissances avec cette écriture idéographique composée d'une infinité de signes très-difficiles? Je ne nie pas qu'on ne puisse se livrer aux sciences avec ces caractères. Mais que d'inconvénients! que de difficultés! Pour arriver à pouvoir lire et com=

prendre bien ce que les caractères expriment, il faudrait qu'un homme y consacrât au moins toute sa jeunesse; il ne lui resterait jamais assez de temps pour se livrer aux travaux scientifiques. Si vous pouviez comprendre aussi bien que moi les coutumes et les habitudes de mon pays, je n'aurais pas besoin d'insister autant sur les obstacles que rencontreront les moindres tendances d'innovation.

« Mes compatriotes forment un peuple très-docile, très-imitateur, mais complétement inerte; je vois là surtout la faute du gouvernement, qui ne s'est pas occupé de l'animer, de le réveiller; j'ose espérer que dès aujourd'hui il ne demeurera plus dans cette nuit d'inactivité et marchera comme l'ancien monde occidental dans la voie du progrès. »

Le savant interprète termine sa lettre par plusieurs phrases de philosophie transcendante de tournure fort mystérieuse.—Je crois être parvenu à en saisir le sens, comme l'archéologue déchiffre sur une pierre des signes effacés...; mais cette traduction me paraît si peu certaine que je ne vous en fait pas part. Que d'antiquaires devraient avoir ma prudence!

Pétrus et ses compagnons sont aujourd'hui dans leur patrie. Mais, avant de quitter l'Europe, ils ont voulu visiter l'Espagne et présenter leurs hommages à la reine Isabelle; on n'ignore pas, d'une part, le rôle important que le gouvernement de Madrid a joué dans les affaires de Cochinchine, et l'on comprend, de l'autre, l'intérêt que l'Annam doit avoir à conserver des relations amicales avec la puissance maîtresse des Philippines. Il y avait donc pour les délégués de l'Annam un utile et gracieux devoir à accomplir dans la Péninsule.

Leur retour en Orient ne s'est pas effectué sans difficulté; ils se sont crus un moment le jouet de quelque divinité acharnée à les retenir dans les parages de la Méditerranée. Les tempêtes, les ouragans les ont assaillis sur les côtes de France, d'Italie et de Grèce; leur bâtiment ne pouvait sortir des ports de refuge sans être subitement en butte à de terribles bourrasques. Après de véritables angoisses, les ambassadeurs ont fait leur entrée à Alexandrie. Depuis cette époque, le ciel leur a été plus propice.

FIN

TABLE DES MATIÈRES

2332. — Imp. Poupart-Davyl et Comp., 30, rue du Bac.

Extrait du MONITEUR UNIVERSEL, du 10 juin 1864.

—

EN VACANCES

PAR M. OSCAR COMETTANT (1).

Voici un titre heureusement choisi pour un livre éminemment fantaisiste. Quel vaste champ il ouvre à l'imagination de l'auteur ! *En Vacances !* comme ce mot-là rayonne joyeusement aux yeux de tous, comme il résonne agréablement à l'oreille ! Que de peines adoucies, que de fatigues oubliées, que de rêves accomplis, que d'attentes satisfaites dans ce mot : *Vacances !* C'est le correctif de labeur et de servitude, et qui oserait dire qu'il est exempt de travail et d'esclavage, dans ce siècle d'abondance et de liberté ! Je n'affirmerais pas pourtant que *vacances* soit le synonyme de repos et d'affranchissement : j'en prends à témoins le chasseur qui rentre le soir épuisé, affamé, et .. bredouille ; le touriste, juif errant volontaire, qui marche, marche, marche, et ne trouve pour s'étendre, au bout de l'étape, que le lit problématique d'une chambre d'auberge, où son sommeil sera troublé autrement que par le pli d'une feuille de rose. Et vous, élégants buveurs d'eau, qui n'aimez que le sauterne et le château Laffitte, il faudra bien avaler à l'heure indiquée le nombre de verres prescrits du liquide détesté ! et vous, charmantes baigneuses, vous dépouillerez quotidiennement vos fraîches et riches toilettes, pour prendre le plus laid des vêtements et plonger en grelottant vos membres délicats dans l'onde amère ! Ce n'est certes pas le repos, et c'est à coup sûr une servitude ; mais ces fatigues et ces obligations, nous les aimons et nous nous en faisons des plaisirs avidement attendus, parce que nous nous les imposons nous-mêmes !...

(1) Un joli vol. in-18 jésus illustré de 2 jolies vignettes, qui se vend à la même librairie au prix de 3 fr.

N'est-ce pas là l'histoire de toute notre vie, et le vrai bonheur n'est-il pas l'illusion qui nous trompe le mieux ?

C'est le récit de ces jours de repos agité, d'oisiveté laborieuse, de liberté relative que M. Oscar Commettant nous présente dans ce livre écrit au courant de la plume et « sur le pouce, » si l'on veut bien nous passer cette expression. Il est en vacances; mais pendant que le corps se déplace, l'esprit observe, compare ou se souvient, et la main de l'écrivain, habituée à reproduire toutes les impressions de la pensée, accomplit son œuvre. Ces pages tracées au hasard de la route ont tout l'intérêt de la variété et tout le charme de l'imprévu. Un site se présente, l'auteur en fait un tableau : un type passe, il le crayonne; un monument se dresse sur son chemin, il interroge et fait parler les souvenirs historiques qui dorment dans la poussière de ses ruines. Et, tout en lisant ce livre, tout en suivant ce gai voyageur partout où il lui plaît de vous conduire, des landes de Gascogne en Normandie, des Pyrénées aux bords de la mer, de Bordeaux à Cauterets, de Pau à Biarritz, d'Arcachon au Havre, du monde réel au pays des spirites, vous oubliez que votre imagination seule est de la partie et que l'heure des vacances n'a pas encore sonné pour vous.

Sans doute ce voyage est plein d'intérêt, en compagnie d'un pareil guide, pour qui ne connaît pas encore les lieux parcourus; mais combien on aime à retrouver ses propres impressions si bien traduites, quand on a visité soi-même quelqu'un des endroits où l'auteur s'est arrêté. C'est ce que nous avons éprouvé en lisant et relisant le chapitre daté d'Arcachon. Arcachon, c'est le pays des fées. Mais non : il y a deux puissances qui font des prodiges bien autrement extraordinaires que ceux de ces vieilles compagnes de notre enfance : c'est Dieu et l'intelligence humaine. Dieu a prodigué toutes ses richesses à ce petit coin de terre. Il a commandé à la mer de venir s'endormir en lac sur sa plage de sable ; il lui a donné une forêt toujours verte, une température toujours douce, des horizons toujours changeants. L'intelligence humaine a pris ce chef-d'œuvre de Dieu, et elle l'a paré de tous ses luxes. La vie y était poétique et saine : elle y est devenue facile et élégante. Beaucoup regretteront sans doute cet envahissement, par la civilisation, des derniers points de notre sol où la nature était restée maîtresse de se faire belle à sa guise. Moi-même, j'ai été péniblement affecté, en rencontrant un omnibus sur la route macadamisée, en trouvant le gaz installé sous les pins et en lisant le cours de la Bourse

affiché à deux pas de la plage. Ce n'était pas là ce que je venais
chercher. Mais un jour qu'une ondée furieuse m'avait surpris en
jaquette blanche loin du logis, je fus bien heureux de m'abriter et
de continuer ma route dans le prosaïque véhicule; un soir qu'en
descendant après l'heure du Casino, je faillis me rompre le cou,
en buttant contre un pieu, je trouvai que le gaz avait du bon, et,
en songeant que les gens de lettres n'étaient pas en majorité à Arcachon, je reconnus que la cote de la Bourse pouvait avoir de
l'intérêt pour quelqu'un : les résiniers sont devenus si riches depuis l'ensemencement des landes! Tout est donc pour le mieux, et
M. Commettant partage cette opinion. D'ailleurs il y a deux choses au moins qui n'ont pas changé à Arcachon, c'est le ciel et le
bassin : et quels admirables aspects ils savent prendre, et comme
ils se prêtent mutuellement leurs magiques parures!

Un matin de septembre le soleil avait frappé de bonne heure à
notre porte, et quand on ouvrit au gai visiteur, une brise tiède,
imprégnée du frais parfum de la mer et des senteurs balsamiques
de la forêt entra avec lui. Vite, hors du logis! à la plage! Un *boat*
nous attendait. Nous sommes embarqués. La voile blanche se
gonfle légèrement, et nous voici bientôt au large. Alors commence
le rêve. Les gracieux chalets du rivage dessinent dans la brume
du matin leur silhouette légère, que domine la ligne calme de la
forêt. Les dômes byzantins du casino et l'élégante flèche gothique
de la chapelle se découpent seuls en lumière sur le fond mat d'un
ciel d'Italie. De l'autre côté du bassin une ligne onduleuse forme
un vague horizon bleu. L'eau du lac, unie comme un miroir, re-
flète le ciel bleu ; le bleu nous entoure, nous nageons dans l'azur.

La barque glisse comme par magie, sans faire jaillir autour
d'elle une seule goutte d'eau. Aucun bruit n'arrive jusqu'à nous.
Des embarcations filent à nos côtés, comme des apparitions. On se
salue silencieusement du regard, et l'on passe. Tout à coup le
même sentiment et le même souvenir nous mettent aux lèvres, au
même instant, les strophes de Lamartine, et tous, d'une voix basse
et recueillie nous murmurons, comme un hymne de reconnaissance
à Dieu, à la vie, à la nature ce chant du poëte aimé :

O lac ! t'en souvient-il ? nous voguions en silence.

Puis les bouches se taisent, les mains se joignent, et l'on se reprend à rêver; mais la voix du patron nous réveille. Nous jetons
l'ancre. Un banc d'huîtres est là qui nous rappelle aux réalités de

ce monde. Les provisions sortent de leur cachette; on cueille pour nous les fruits savoureux de la mer. Les coquilles sont ouvertes, le vin de Graves coule dans les verres... O Philippe! ô *rocher de Cancale!* ô célébrités surfaites de la rue Montorgueil! Quel festin plantureux offert par vous — à prix d'or, — valut jamais l'humble collation sur ce beau lac d'azur, avec le ciel pour plafond, le soleil pour lustre, et pour convives la gaieté, la jeunesse et l'amitié.

Mais je m'aperçois que je me suis laissé entraîner trop loin par cet heureux souvenir des vacances dernières; c'est la faute de M. Commettant, dont les impressions si bien décrites ont réveillé les miennes. Je regrette seulement qu'il n'ait pas été des nôtres ce jour-là : il eût raconté cette scène d'intimité avec la nature bien mieux que je n'ai pu le faire.

M. Commettant a intercalé dans ce livre, sous forme de nouvelle, avec ce titre : *Les Vacances de Nicolas de Kermarek,* un amusant épisode emprunté à la vie de province. C'est une spirituelle critique des ridicules et des tribulations que se donnent de gaieté de cœur certaines gens qui pourraient vivre parfaitement dans le repos et la tranquillité, s'il ne leur manquait une chose, assez rare il est vrai : le bon sens.

Il y a bien autre chose encore dans cet ouvrage, qui se termine par trois chapitres éminemment humouristiques : les *Vacances du petit Commerce parisien,* les *Collégiens* et les *Écoliers en vacances;* il y a des anecdoctes, des épigrammes, des peintures chaudement colorées, des pages d'histoire; il y a de la gaieté, de la science, de la philosophie. C'est mieux qu'un livre, c'est une causerie pleine de charme et d'intérêt.

Je disais au commencement que ce volume avait été écrit au courant de la plume; c'est un excellent procédé, il faut seulement, pour l'employer avec succès, avoir, comme M. Oscar Commettant, un tact délicat, une imagination féconde, de la finesse, de l'érudition et surtout de l'esprit; avec cela et un style facile, coloré, brillant, on est certain de réussir et de produire une œuvre que le public accueille avec joie, comme celle dont nous venons de parler.

ERNEST LACAN.

Paris. — Imp. Poupart-Davyl et Comp., rue du Bac, 30.